ひと目でわかる

六法入門

髙瀬文人 編　第3版

JN213840

三省堂

はじめに――「紙の六法」を、辞書のように自由自在に！

■辞書に慣れるように、六法に慣れよう

国語辞典や漢和辞典の使い方は小学4年で、中学1年では英語辞典の使い方を習います（小中学校学習指導要領）。

ネットで何でも調べられる現代。紙の六法は必要ないのでは？　でも、法律に限らず、新しい分野を調べるには、「その世界はどうなっているのか」という地図を頭に置く必要があります。「ことばの世界での地図」、国語辞書や漢和辞典をもとに、会話や読書など、ことばを使う体験が積み重ねられます。

実は、紙の「六法」を法律学習で使う必要はここにあります。そもそも「六法」とは憲法・刑法・民法・商法・刑事訴訟法・民事訴訟法の6つの法律を指しますが、書物としての「六法」は、現在、日本に9000件近くある法律から目的に応じて選んだものを一冊にまとめたものです。

学習六法と呼ばれる『デイリー六法』は、法律学習のために必要なものを中心に248件の法令を収めています。

■紙の六法で、まず法律の理解を

法律は、デジタル的にキーワードで検索される条文を見ればいいというわけではありません。法律効果の対象を決めたり、制限する関連条文や、条文が置かれるブロック全体（章）の理解、その法律がそのことをどう言葉で定義していて、適用の共通ルール（総則）はどんなものかを知る必要もあります。最初は、紙の六法というアナログな手段で「法の地図」を頭に作る必要があるのです。

【プロフェッショナルに聞く：どうして「紙の六法」を使うの？】

いままで手がけたことのないジャンルの事件を扱うときには、まず、その分野の法律を紙の六法で見ることにしています。法律の構造を頭に入れるには、紙の六法が最適なんです。　　弁護士・I さん（30代）

国家公務員・O さん（20代）　中央官庁で、法律・政令の細部を決める省令改正の仕事をしています。ことばの定義を間違えたり条文の書き方に抜けがあると人命にかかわることもあるので、スケジュールに追われながらの厳しい仕事。紙の六法は、条文にじっくり向き合い理解したいとき優れていると感じ、よく手に取ります。

授業で条文に当たるとき、紙の六法はスマホを操作するよりも早く目指す条文にたどりつけます。関連する法令や改正前後の条文の比較、判例付き六法では裁判例などの解釈も知ることができて便利です。　　大学教授・Y さん（50代）

民法の意思表示原則は強い。対抗するための伝統的な解釈とネット時代の立法を考える（☞ 72 〜 80 ページ）

刑法・名誉毀損罪の立証責任転換は憲法上整合するか。ネット時代、法解釈の重要性はますます増している（☞ 81 〜 85 ページ）

株式という資本の単位を票に読替える民主主義。会社法は「資本市場のルールブック」（☞ 86 〜 90 ページ）

裁判官に損害額を認定させる民訴法改正が活用される。「なぜこの条文が使われるか」と考えることが重要（☞ 91 〜 95 ページ）

「この条文は誰の権利なのか」可能性や制限を考えるのが手続法（刑事訴訟法）の学び（☞ 96 〜 100 ページ）

六法には日本という国・社会の姿が映し出されている。国民が正義にアクセスする手段こそが六法（☞ 101 〜 108 ページ）

■本書の目的——法律の「たてつけ」を知る

　法令の条文の文章は、誰が読んでも同じ意味がつかめるように、用語や構造が共通に作られています。そのルールを知り、正確に意味が読み取れるようになりましょう。

■法令の目的をつかみ、正しくあてはめる

　民法は私人間の取引の一般的な原則を定めた法律ですが、例えば消費者と企業の取引関係では、消費者を保護するために消費者契約法という特別法が優先して適用される場合があります。本書は法体系の中で個々の法令や条文の位置づけがどのように置かれているかを解説。現実の場面に法令を当てはめるためにまず法令を探すポイントをつかみます。

■未来の法令や過去の裁判例を知る

　目の前の問題を、裁判はどう判断したのか。判断の積み重ねが判例となり、社会の問題を解決する新しい立法につながります。裁判や立法の場において新しい動向をつかむ方法を知り、法令と並んで法的判断の根拠・法源となっている判例の探し方を学びます。

■目　次

第4章　『デイリー六法』レジェンド編修委員の
「この一条、こう読む」

イラスト　　松竹　司

装　　丁　三省堂デザイン室

第1章
六法のすべてを使いこなそう！

六法は、法令の「小宇宙」。
この国の「かたち」が見えてくる

●約 9000 件から選ばれた法令が六法に

わが国で現在効力がある法律は、2094 件。これに最高法規の日本国憲法を加えて 2095 件。新しく制定され、施行（効力を発揮）される法律や、廃止・失効する法律もあるので、数は常に変わっていきます。さらに政令 2285 件、勅令 66 件、府省令 4023 件、規則 402 件を加えると、8871 件の法令が存在しています*。ものの売り買いや貸し借り、犯罪を犯したときの処罰、成人年齢が 18 歳であること、この国のかたち、人びとの生活、あらゆるものが記述されているのです。

●まず総目次で「法体系」を見よう

六法では五十音順の「法令索引」に続いて「総目次」があります。憲法編、行政法編、民法編などそれぞれの法分野ごとに、憲法、民法、刑法など（一般法）と、それに関連する法令が並び、相互の関係性をつかむことができます。（☞ 12 ページ）

■法律と憲法、そして命令類の違いを知る

六法には、法律に関係する規程類も収録されています。法律のほかには憲法（法律とは別のものとされています）、政令、規則、太政官布告、条例、基準、告示、条約などが収録されており、これらを総合して「法令」と呼びます。また、「国際法編」には条約、規約、憲章なども掲載されており、目次を見渡すことで、各法分野における基本法と特別法、さらに関連各法令との関係性を理解できます。これは、条文を検索するだけでは理解できない冊子の六法ならではの特長です。

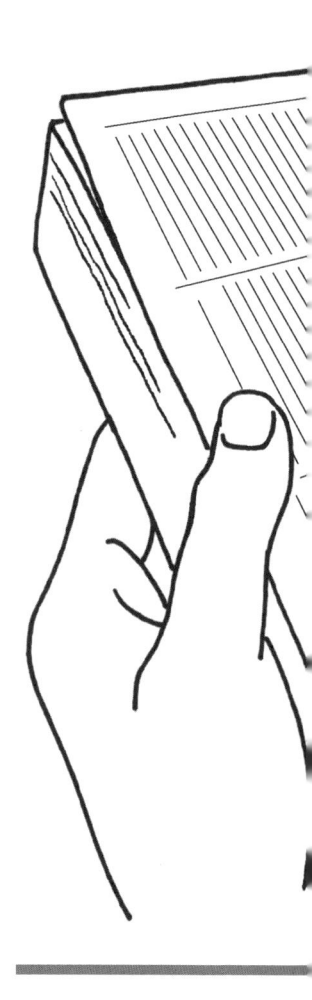

六法でいちばん使用頻度が高いのは、おそらく、見返し（表紙をめくった最初）にある「法令索引」。五十音順に並んだ法令名が。これだけではなく、さまざまな六法の使い方を、本書でお教えします！

*2025年2月1日現在の「e-Gov法令検索DB搭載法令数」から。

六法の引き方 ①
目指す法律を、素早く見つけるには

●条文を「引く」動作を繰り返そう！

　目指す条文に素早くたどり着くためには？その方法は国語辞典の引き方と同じで、ツメなどの目印を使って「このへん」とアタリをつけて引くこと。①索引や目次の使い方に慣れ、目指す法令の条文に最短距離でアクセスできること、②「六法のどこに何があるのか」を記憶するため、これはと決めた六法のハンドリングに、十分慣れることが早道です。

■「法令索引」で法令名から引く

　「民法555条の条文を見たい」。六法の使い方で一番多いであろう方法です。六法の表紙裏の「法令索引」には、法令名が五十音順に並んでいます。そこから目指す法令のページを開き、目指す条名（例・555条）までページをめくっていくやり方です。

■「ツメ」を活用する

　ツメとは、本を持って手前に来る断面（小口といいます）のマーキング。各法分野の冒頭を示しています。国語辞典と同じく、これを目印に「このへん」とアタリをつけて開きます。総目次（☞12ページ）の配列順が頭に入るほど慣れてくれば、目指す条文をすぐ探し当てられるようになるでしょう。

■インデックスシートを活用する

　『デイリー六法』付録のインデックスシートには、憲法、民法などの主要法令名が印刷されているので、これを貼り付けておけば、ひと目で場所がわかります。白紙のインデックスを使って、自分がよく使う法令をカスタマイズすることも可能です。

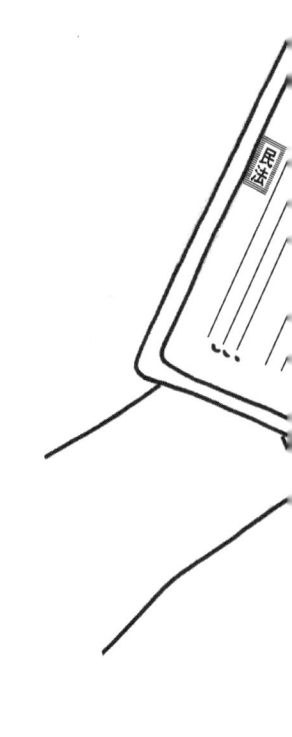

☝ 「ツメ」を手がかりに、索引を見ずに
ぱっとページを開く。「この法律はこのへ
んにある」という感覚に慣れてくると、
目的のページをぱっと開けるようになる。

六法の引き方 ②
総目次で「アタリ」をつけよう！

●「総目次」でどんな法分野があるかを知る

　六法の総目次は、まえがき、凡例（収録法令や原典、略記法などを述べたもの）の後にあることが多く、使用頻度は高くないかも知れませんが、その六法で、法令分野ごとにどんな法令があるかを示す重要な役割があります。『デイリー六法』では憲法編、行政法編、民法編……と 10 の法分野に分けて、法令をまとめています。この分類は統一的なものがあるわけではなく、何を収録法令にするかと同じように、編修委員が決めています。

■どんな法律が体系を成しているかを知る

　目指す法律がどの法分野に属するのか。逆に、その法分野にはどんな法律があるのか。法分野の中で、各法はどのような役割分担をしているのか。総目次ではこれらを見て取ることができます。もちろん六法に収録される法令には限りがありますが、法分野の「基本的な全体像」を把握するには十分です。

■一般法と特別法の関係をつかむ

　例えば「売買」の原則は民法 555 条に規定されていますが、商品や契約の方法、当事者によって、割賦販売法や消費者契約法が適用される場合もあります。

　取引の一般的ルールを定める民法が「一般法」と呼ばれるのに対し、割賦販売法や消費者契約法など、限られた範囲に優先して適用される法を「特別法」と呼びます。特別法が適用される分野では特別法が一般法に優先しますが、特別法の下位規範（命令）は、一般法の上位規範（法律）の下位となります。

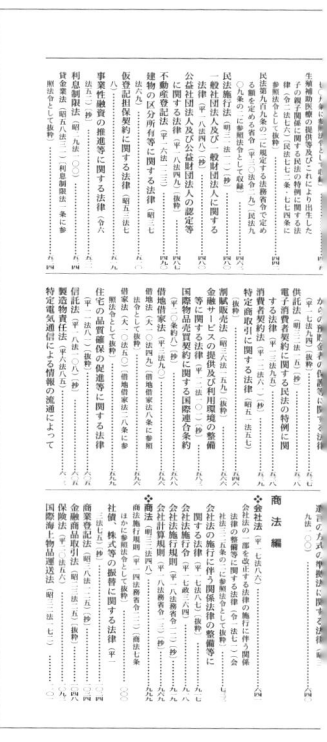

民法編には、民法と、民法を適用するための法令、そして具体的な場面で民法よりも優先して適用される特別法が掲載されている。目次を見渡すと、インターネット取引や消費者保護のための新しい立法が収録されているのが目立つ。

法令名の下には、制定年と法律番号を表示。その法令を特定する固有の情報となる。

抄録されている法令は〔抄〕と表示している。

法令名や条名がわからないとき、法律用語で法律名と条名(第○条)がわかる総合事項索引。

9

13

六法の引き方 ③
法令目次で、その法律の全体像を知る

●法律の「機能」と「かたち」をつかむ

　法律は条文の集合体であり、独特の「かたち」が「機能」を示しています。

①「かたち」から見る……規模の大きな法律は、単位ごとに「編」「章」「節」とグループに分けられてタイトル（編名・章名など）がつけられて分類されています。おおまかに、その法律がどう機能するかを細かく見ていきますが、どんなグループがまとまっているかを知ることが重要です。

②「機能」から見る……第1条から最後の条文まで、それぞれの条文には機能が割り当てられています。その法律がもつ本来の機能である規定のほかに目的規定や定義規定、施行日や経過措置、関連法の改正や読み替えを定める附則や、たくさんの項目を見やすくする別表などが要素として挙げられます。

　『デイリー六法』には、学習上最重要とされる 18 の基本法令の冒頭に法令目次がつけられており、その「かたち」と「機能」を見渡すことができます。

■キーワードで引く総合事項索引

　「何法の何条かはわからないけれど、○○についての法令を探したい」という場合がよくあります。巻末の「総合事項索引」では、キーワードに関係する法令が調べられます。検索エンジンにキーワードを入れてネットで検索することも多いですが、最初から当該条文だけを見てしまうことに注意が必要です。法令全体の位置づけや条文が適用される条件であるかどうかを見きわめる必要があります。

第三款　売買
　第一款　総則（五五五条—五五九条）
　第二款　売買の効力（五六〇条—五七八条）
　第三款　買戻し（五七九条—五八五条）
第四節　交換（五八六条）
第五節　消費貸借（五八七条—五九二条）
第六節　使用貸借（五九三条—六〇〇条）
第七節　賃貸借
　第一款　総則（六〇一条—六〇四条）
　第二款　賃貸借の効力（六〇五条—六一六条）
　第三款　賃貸借の終了（六一六条の二—六二二）
第八節　雇用（六二三条—六三一条）
第九節　請負（六三二条—六四二条）
第十節　委任（六四三条—六五六条）

第三款　縁組の効力（八〇九条・八一〇条）
第四款　離縁（八一一条—八一七条）
第五款　特別養子（八一七条の二—八一七条の一一）
第四章　親権
　第一節　総則（八一八条・八一九条）
　第二節　親権の効力（八二〇条—八三三条）
　第三節　親権の喪失（八三四条—八三七条）
第五章　後見
　第一節　後見の開始（八三八条）
　第二節　後見の機関
　　第一款　後見人（八三九条—八四七条）
　　第二款　後見監督人（八四八条—八五二条）
　第三節　後見の事務（八五三条—八六九条）

節に注目すると、債権の目的、効力、種類、譲渡、そして消滅の「債権の一生」が描かれている。その下位の款には、さらに細分化された場合分けと異常な状態になった場合の規定がある。

各編の冒頭にも、その編の共通ルール「総則」が設けられているのが民法の特徴。このように共通項をくくり出す立法形式を「パンデクテン体系」という。

第一編 総則には、民法全体に適用される共通ルールが収められている。

債権の発生原因である契約の規定は、債権総論・各論よりも後の「契約」の章にまとめられている。

民法は規模の大きな法律なので、一番大きな単位から「編」「章」「節」「款」「目」の５段階に階層に分けて分類されている。字下げしてあるので関係をつかみやすい。

❖ 民法

明治二九年四月二七日
法律第八九号

施行：明三一・七・一六
最終改正：令六・六・一四 法三三

☞ 『デイリー六法』で法令目次と参照条文が掲載されているのは、この民法をはじめ、日本国憲法、刑法、民事訴訟法、刑事訴訟法、会社法などの「基本法令」18法令。

法律の構造を知る。
条文には何が書かれているのか？

●法律のタイトルと法律番号

六法に載せられている法律の最初には、法律のタイトル（題名）が書かれています。次に、（　）の中に2行にわたり公布年月日と「法律第○号」という形で法律番号が記されています。法令の中で他の法律を引用する際には必ず法律番号が記されており、〔公布年＋法律番号〕のセットは、その法律が過去から現在にわたるどの時点で有効だったかを示す、とても重要な情報です。

■改正経過を押さえよう

法律番号の次には、法律の施行日、最終改正とその改正法の法律番号が記されています。『デイリー六法』の基本法令では条文ごとに改正を示し、末尾にも法律全体の改正経過をまとめてあります。

■過去の条文に当たるためには

法律は幾度もの改正を経る場合が非常に多く、「その条文がいつ改正されたか」という改正経過は、過去の判例や実務の根拠を確認するために大変重要な情報です。「過去のある時点で適用されていた条文を知りたい」場合は、改正経過を手がかりにして当該年度の六法を見たり、「e-Gov 法令検索」やデータベースで確認します。（☞ 50 ページ）

■法令を省略して掲載する抄録と抜粋

法令によってはスペースの関係で省略する「抄録」があり、対象法令のタイトル下に〔抄〕と表示されます。法律の構造を示すため省略された章タイトルが掲載されていますが、「抜粋」は必要な条文だけが掲載されています。

基本法令では、末尾にくわしい改正経過が記されている。主要な改正点も書かれているので、制度がいつ、どのように生まれたかをおおまかに知ることができる。

改正されたが、六法が出た時点で施行（法律としての効力を発動させること）されていない場合、六法上での対応が書かれている。（令和 7 年度版）

法律のタイトルのことを題名という。「民法」の上のマークは、『デイリー六法』の基本法令であることを表している。

公布年月日と法律番号。その法律を特定するIDとなる。最近は、法令データベースの検索で使う場面も増えてきている。

施行日と最終改正が表記されている。基本法令の場合は各条文と末尾にもくわしい改正情報が表記されている。

その条文で扱われていることがらが規定されている条文を示すことで根拠がわかるようにされているのが参照条文。

❖民法

明治二九年四月二七日
法律第八九号

施行、明三一・七・一六
最終改正、令六法三三

（賃借人の原状回復義務）
第六二一条　賃借人は、賃借物を受け取った後にこれに生じた損傷（通常の使用及び収益によって生じた賃借物の損耗並びに賃借物の経年変化を除く。以下この条において同じ。）がある場合において、賃貸借が終了したときは、その損傷を原状に復する義務を負う。ただし、その損傷が賃借人の責めに帰することができない事由によるものであるときは、この限りでない。
▼平二九法四四本条改正
準用⇨一〇三五・一〇四〇

（使用貸借の規定の準用）
第六二二条　第五九七条第一項（期間満了による契約の終了）、第五百九十九条第一項及び第二項（借主の収去義務・収去権）並びに第六百条（借主の損害賠償及び費用償還請求の期間制限）の規定は、賃貸借について準用する。
（平二九法四四本条改正）
収去の特則⇨借地借家一三・三三

第四款　敷金
第六二二条の二①　賃貸人は、敷金（いかなる名目によるかを問わず、賃料債務その他の賃貸借に基づいて生ずる賃借人の賃貸人に対する金銭の給付を目的とする債務を担保する目的で、賃借人が賃貸人に交付する金銭をいう。以下この条において同じ。）を受け取っている場合において、次に掲げるときは、賃借人に対し、その受け取った敷金の額から賃貸借に基づいて生じた賃借人の賃貸人に対する金銭の給付を目的とする債務の額を控除した残額を返還しなければならない。
一　賃貸借が終了し、かつ、賃貸物の返還を受けたとき。
（平二九法四四本款追加）

基本法令では、各条文の末尾に、現在の条文となった改正年と法律番号が表記されている。

かっこ（ ）内の部分に網をかけることで、条文の主語＋述語関係などの条文の構造が理解しやすい（☞30ページ以降）。

法律の目的と、そこで扱われることがらの定義を知る

●法律の全体構成を知ろう

　現在有効な法令（現行法令）の制定時期は、古いものは明治時代までさかのぼります。昭和23（1948）年以降からは形式がほぼ統一され、それ以前に制定された法令も現代語化の際に整理が行われており、近年の立法は、ほぼ統一された条文構成になっています。

■第一条には法律の〈目的〉が書かれる

　多くの法律の第一条には、その法律の〈趣旨〉あるいは〈目的〉が書かれています。

＊著作権法とは何のための法律か？

　音楽の違法コピーを取り締まる法律？……実際に著作権法の第一条を読むと、全く違うことがわかります。「（著作物など文化的所産の）公正な利用に留意しつつ、著作者等の権利の保護を図り、もって文化の発展に寄与することを目的とする。」つまり、権利の保護と利用の、双方のバランスを取っていくための法だと書かれているのです。

　六法は必要な条文を探す・見るためだけではなく、「何のためにあるのか、対象は何か」を確認するためにも活用できます。特に、行政法や「業法」と呼ばれる特定の業種の営業規制に関わる法令などでは、対象と規制の目的の確認が重要です。

■第二条には〈定義〉が書かれている

　続く第二条には、その法律で扱われていることがらの意味、すなわち〈定義〉が書かれている場合が多く、この〈定義〉が、法律全体の前提となるため、必ずチェックして理解しておくことが必要です。

【不動産登記法の目的・定義規定】

第一章　総則

（目的）
第一条　この法律は、不動産の表示及び不動産に関する権利を公示するための登記に関する制度について定めることにより、国民の権利の保全を図り、もって取引の安全と円滑に資することを目的とする。

（定義）
第二条　この法律において、次の各号に掲げる用語の意義は、それぞれ当該各号に定めるところによる。
一　不動産　土地又は建物をいう。
二　不動産の表示　不動産についての第二十七条第一号、第三号若しくは第四号、第三十四条第一項各号、第四十三条第一項又は第五十八条第一項各号に規定する登記事項をいう。

【民法の基本原則と解釈基準】

（基本原則）
第一条①　私権は、公共の福祉に適合しなければならない。
2　権利の行使及び義務の履行は、信義に従い誠実に行わなければならない。
3　権利の濫用は、これを許さない。
❶公共の福祉↓憲二九2／民訴二、二九2／消費者契約一〇
❷信義誠実↓五四八の二②
❸権利濫用の禁止

（解釈の基準）
第二条　この法律は、個人の尊厳と両性の本質的平等を旨として、解釈しなければならない。
▼個人の尊厳・憲二四2／両性の平等↓憲一四・二四、労基四、雇用均等、女子差別撤廃条約

著作権法とは何を決め、何を守る法律なのか？激しい論争となっているが、実は第一条にその目的は記されている。

著作権法の改正の歴史は、次々に現れる新しいメディアや近年はインターネットを介した情報の流通に対応した定義規定や権利関係のとらえ直しだ。しかし、二条の前半には、比較的古典的な著作物の定義が並んでいる。

インターネットによる配信を予定して作られた定義規定。

第一章　総則
第一節　通則

（目的）
第一条　この法律は、著作物並びに実演、レコード、放送及び有線放送に関し著作者の権利及びこれに隣接する権利を定め、これらの文化的所産の公正な利用に留意しつつ、著作者等の権利の保護を図り、もつて文化の発展に寄与することを目的とする。

（定義）
第二条　この法律において、次の各号に掲げる用語の意義は、当該各号に定めるところによる。
一　著作物　思想又は感情を創作的に表現したものであつて、文芸、学術、美術又は音楽の範囲に属するものをいう。
二　著作者　著作物を創作する者をいう。
三　実演　著作物を、演劇的に演じ、舞い、演奏し、歌い、口演し、朗詠し、又はその他の方法により演ずること（これらに類する行為で、著作物を演じないが芸能的な性質を有するものを含む。）をいう。
四　実演家　俳優、舞踊家、演奏家、歌手その他実演を行う者及び実演を指揮し、又は演出する者をいう。
五　レコード　蓄音機用音盤、録音テープその他の物に音を固定したもの（音を専ら影像とともに再生することを目的とするものを除く。）をいう。

六　レコード製作者　レコードに固定されている音を最初に固定した者をいう。
七　商業用レコード　市販の目的をもつて製作されるレコードの複製物をいう。
七の二　公衆送信　公衆によつて直接受信されることを目的として無線通信又は有線電気通信の送信（電気通信設備で、その一の部分の設置の場所が他の部分の設置の場所と同一の構内（その構内が二以上の者の占有に属している場合には、同一の者の占有に属する区域内）にあるものによる送信（プログラムの著作物の送信を除く。）を行うことをいう。
八　放送　公衆送信のうち、公衆によつて同一の内容の送信が同時に受信されることを目的として行う無線通信の送信をいう。
九　放送事業者　放送を業として行う者をいう。
九の二　有線放送　公衆送信のうち、公衆によつて同一の内容の送信が同時に受信されることを目的として行う有線電気通信の送信をいう。
九の三　有線放送事業者　有線放送を業として行う者をいう。
九の四　自動公衆送信　公衆送信のうち、公衆からの求めに応じ自動的に行うもの（放送又は有線放送に該当するものを除く。）をいう。
九の五　送信可能化　次のいずれかに掲げる行為により自動公衆送信し得るようにすることをいう。
イ　公衆の用に供されている電気通信回線に接続している自動...

公衆送...
ロ　...
換体...
記録媒体...
体」と...
プログラム...
動公衆送...
回線へ...
む。）と...

九の六
に、公衆...
る自動...
動公衆送...
む。）...

九の七
動公衆送...

〈増えていく定義規定〉
　複雑で巨大システム化した現代社会の仕組みを法で規律するとき、定義規定が増えていきます。著作権法第二条の〈著作物の概念〉は、著作物の多様性やデジタル化で条項が増えています。
　明治期に制定された商法から会社のしくみを分離し、資本市場に対応するよう組み立て直した会社について『デイリー六法』では、定義の部分に特別な印を表示し、理解を助けています。
〔定義の用語を▼▲でくくり、他の条文に定義されている用語を▽△でくくり、条文末に▽で該当条を指示する。〕（☞86ページインタビューも参照）

2
（新株予約権の価格の決定等）
第一一九条①　▽新株予約権買取請求▲があつた場合において、▽新株予約権▲と株式会社との間に▽新株予約権▲の価格の決定について、協議が調つたときは、当該▽新株予約権▲の買取りは、▽効力発生日△にその効力を生ずる。以下この条において同じ。）の価格の決定について、▽定款変更日△から六十日以内に協議が調わないときは、▽新株予約権者▲又は株式会社は、その期間の満了の日後三十日以内に、裁判所に対し、価格の決定の...

条名、枝番号、見出し。
条文の約束事を知ろう！

■「第○条」の呼び方は「条名」

「第○条」のことを、数字が入っているため「条番号」という人が多いのですが、これは間違い。「条名」が正しい呼び方です。

■枝番号は後から追加されたしるし

後から法改正によって、新しい条文が追加される場合がよくあります。その後ろの条名の番号を順次繰り下げていくやり方もありますが、「第○条の○」という「枝番号」をつけることで番号の順送りを回避し、実務の混乱を避ける方法が多くとられています。

■条文見出しのカッコの意味

ほとんどの法律では、条名の前の丸かっこ（ ）内に、条文の内容を示した見出しを表示しています。しかし、日本国憲法や刑事訴訟法など昭和23（1948）年以前の制定法には、見出しがつけられていませんでした。このような場合には、六法の編修委員が見出しをつけています。（ ）の条文見出しは法律の一部を成しますが、編修委員のつけた見出しは当然、法律ではありません。その混同を防ぐため、場所を条文番号の後ろに変え、[ ]の中に収めています。レポートや試験、あるいは論文で条文を引用する際には、[ ]で表記された見出しは外すようにしましょう。

明治時代に制定された民法や刑法などの重要法令にも見出しはありませんでしたが、近年の現代語化で条文がカタカナからひらがな・現代語に改正された際に見出しがつけられました。現在、見出しがつかずに残る法令はわずかとなっています。

第六節 同時死亡の推定（平二九法四四本節繰下）

第三二条の二 数人の者が死亡した場合において、そのうちの一人が他の者の死亡後になお生存していたことが明らかでないときは、これらの者は、同時に死亡したものと推定する。
▼同時死亡の効果⇨相互相続なし＝八八二、代襲相続＝八八七②③、遺贈無効＝九九四

第三八条から第八四条まで　削除（平一八法五〇）

第四章　物

（定義）
第八五条　この法律において「物」とは、有体物をいう。
▼電気と財物⇨刑二四五

条名

条文見出し
元の条文につけられており、条文の一部である。『デイリー六法』では（　）で表示。

節見出し

章見出し

【②枝番号と削除の表示】

枝番号は戦後の法改正から使われるようになった。戦前に制定された法律に枝番号がついている場合は、戦後に改正された条文と推測できる。

（公序良俗）
第九〇条　公の秩序又は善良の風俗に反する法律行為は、無効とする。
〔平二九法四四本条改正〕
付➡七〇／外国法➡法適用通則四二

第五章　法律行為
第一節　総則

（任意規定と異なる意思表示）
第九一条　法律行為の当事者が法令中の公の秩序に関しない規定と異なる意思を表示したときは、その意思に従う。
▼契約内容の自由➡五二二／地役権➡二八〇／準拠法➡
法適用通則七―一二

第一四条〔法の下の平等〕①　すべて国民は、法の下に平等であつて、人種、信条、性別、社会的身分又は門地により、政治的、経済的又は社会的関係において、差別されない。
②　華族その他の貴族の制度は、これを認めない。
③　栄誉、勲章その他の栄典の授与は、いかなる特権も伴はない。栄典の授与は、現にこれを有し、又は将来これを受ける者の一代に限り、その効力を有する。

憲法には条文見出しがないため、編修委員が見出しをつけた。〔　〕で表示している。

刑事訴訟法の制定は戦後の昭和23（1948）年だが、条文見出しがつけられるようになる直前の立法。この条文は最近の法改正で追加されたが、見出しは設けられておらず、編修委員によって内容を簡潔にとらえた見出しがつけられている。〔　〕で表記される。

削除された条文（条数が繰り上げられない場合）。

第一五七条の六〔映像等の送受信による通話の方法（ビデオリンク方式）による証人尋問〕①　裁判所は、次に掲げる者を証人として尋問する場合において、相当と認めるときは、検察官及び被告人又は弁護人の意見を聴き、裁判官及び訴訟関係人が証人を尋問するために在席する場所以外の場所であつて、同一構内（これらの者が在席する場所と同一の構内をいう。次項において同じ。）にあるもの

第三条①　私権の享有は、出生に始まる。
②　外国人は、法令又は条約の規定により禁止される場合を除き、私権を享有する。
第一節　権利能力

たとえば、民法三条のように、その章や節の唯一の条文の場合は、見出しで内容を分ける必要がないため見出しがない場合がある。
逆にひとつの見出しに複数の条文が「かかっている」場合もある。

「項」、「号」とはどういう意味？
条文の構造を固まりとして見る

●条文は段落単位で意味をなす

条文の基本は「一文」です。ひとつの意味が一文で完結するのが基本です。文が二文以上になる場合は、接続詞でつながれます。接続詞には並列、例外、除外などの意味があり、これをつかんで前後の関係を把握するのがポイントです。（☞ 36 ページ）条文は段落の構造で作り上げられており、段落は役割に従って、「項」と「号」に分けられます。

■項は意味の一単位を表す

条の内容を細分化する場合「項」を使い、列挙する場合は「号」に分けていきます。

「項」は、条の一単位を示す呼び方で、一項、二項と数えます。二項以降は、冒頭にアラビア数字の項番号がつきます。オリジナルの法令では、第一項には項番号をつけない慣習ですが、六法ではわかりやすさを重視して、丸数字の①を入れることで第一項の意味を表しています。

古い法令では二項以降にも項番号が入っていないものもあり、そのような条文については、六法では②以降も丸数字で補っています。

■号は列挙を示す

「号」は、条の中で列記が必要な場合に振られる番号で、「次の（各号）に掲げる……」と示して並べられる場合が多いです。漢数字の「一、二、三」で表記されますが、その中でさらに細分化する必要があるときは「イ・ロ・ハ」、さらにその中を分ける場合には (1)(2) (3) や (i) (ii) (iii) などを使って区分けしていきます。

【① 前段と後段】

（故意）
第三八条①　罪を犯す意思がない行為は、罰しない。ただし、法律に特別の規定がある場合は、この限りでない。

✎ 刑法 38 条 1 項は、ふたつの文から成り立っている。前半分を「前段」、後ろ半分を「後段」と称する。法律の場合は、ひとつの条文はふたつまでの文で構成され、さらに規定が必要な際には「項」を増やすことで対応している。

条文中で、列挙が必要な場合に使われるのが「号」。漢字で表記。

ひとつの条文の中での、意味のかたまりが項。通常アラビア数字で表記。

（外国法人）
第三五条① 外国法人は、国、国の行政区画及び外国会社を除き、その成立を認許しない。ただし、法律又は条約の規定により認許された外国法人は、この限りでない。
2 前項の規定により認許された外国法人は、日本において成立する同種の法人と同一の私権を有する。ただし、外国人が享有することのできない権利及び法律又は条約中に特別の規定がある権利については、この限りでない。

実際の法令には、一項を示す項番号はついていない。六法では丸数字で補い、二、三項は元の法令通りアラビア数字で表記している。

第一章 総則
第一節 通則
（目的）
第一条 この法律は、著作物並びに実演、レコード、放送及び有線放送に関し著作者の権利及びこれに隣接する権利を定め、これらの文化的所産の公正な利用に留意しつつ、著作者等の権利の保護を図り、もって文化の発展に寄与することを目的とする。

（定義）
第二条 この法律において、次の各号に掲げる用語の意義は、当該各号に定めるところによる。
一 著作物 思想又は感情を創作的に表現したものであって、文芸、学術、美術又は音楽の範囲に属するものをいう。
二 著作者 著作物を創作する者をいう。
三 実演 著作物を、演劇的に演じ、舞い、演奏し、歌い、口演し、朗詠し、又はその他の方法により演ずること（これらに類する行為で、著作物を演じないが芸能的な性質を有するものを含む。）をいう。
四 実演家 俳優、舞踊家、演奏家、歌手その他実演を行う者及び実演を指揮し、又は演出する者をいう。
五 レコード 蓄音機用音盤、録音テープその他の物に音を固定したもの（音を専ら影像とともに再生することを目的とするものを除く。）をいう。

六 レコード製作者 レコードに固定されている音を最初に固定した者をいう。
七 商業用レコード 市販の目的をもって製作されるレコードの複製物をいう。
七の二 公衆送信 公衆によって直接受信されることを目的として、その一部の改造又は有線電気通信設備で、その一部の設置の場所が他の部分の設置の場所と同一の構内（その構内が二以上の者の占有に属している場合には、同一の者の占有に属する区域内）にあるものによる送信（プログラムの著作物の送信を除く。）を行うこと
八 放送 公衆送信のうち、公衆によって同一の内容の送信が同時に受信されることを目的として行う無線通信の送信をいう。
八の二 放送事業者 放送を業として行う者をいう。
九 有線放送 公衆送信のうち、公衆によって同一の内容の送信が同時に受信されることを目的として行う有線電気通信の送信をいう。
九の二 有線放送事業者 有線放送を業として行う者をいう。
九の三 自動公衆送信 公衆送信のうち、公衆からの求めに応じ自動的に行うもの（放送又は有線放送に該当するものを除く。）をいう。
九の四 送信可能化 次のいずれかに掲げる行為により自動公衆送信し得るようにすることをいう。
イ 公衆の用に供されている電気通信回線に接続してい

著作権法は、次々に新しい定義規定が必要になる。しかし、改正のたびに号数が変わると影響が大きいので、「九の二、九の三……」などと枝番号をつけることで対応している。さらにその下の階層を細分化する際には「イロハ」で分けている。

【③項番号のない場合・日本国憲法】
第三七条①［迅速な公開裁判、証人審問権、国選弁護制度］すべて刑事事件においては、被告人は、公平な裁判所の迅速な公開裁判を受ける権利を有する。
② 刑事被告人は、すべての証人に対して審問する機会を充分に与えられ、又、公費で自己のために強制的手続により証人を求める権利を有する。
③ 刑事被告人は、いかなる場合にも、資格を有する弁護人を依頼することができる。被告人が自らこれを依頼することができないときは、国でこれを附する。

元の法令に項番号がない場合は、すべて丸数字で表記する。

参照条文を活用して
概念の根拠や関連法令・特別法を探す

■参照条文で条文を理解しよう

その条文で取り上げられることがらの根拠や定義している他の条文、関連する他法令の条文を示しているのが参照条文です。『デイリー六法』では、基本法令の全ての条文の末尾に、▼印で参照すべき条文を示しています。

＊条文全体にかかわる事項

▼印の後に概念・用語が書かれ、⇒の後に漢数字でその条名が示されています。

＊各項に、個別にかかわる事項

続いて、個別の項のみにかかわる概念・用語について、項を❶❷❸で示し、⇒で条名が示されています。号については〖一〗〖二〗で示してあります。

■参照項目と条文の示し方

参照条文の表示方法は、同じ法律の場合は条名のみを漢数字で示し、他の法律を示す場合は法律の略称（『デイリー六法』では巻末の「法令名略称表」参照）＋条名で表記します。項は①②③、号は（1）（2）（3）で示します。『デイリー六法』で収録されていない法律がある場合は必要に応じて条文を収録し、△印で示しているものがあります。ない条文については他の六法か法令データベース、またはインターネット上のデジタル庁「e-Gov 法令検索」などで探します。

旧法等については∟印以下に示します。現行の六法には掲載されていないため、その法律が有効だった年度の六法を参照するか、「日本法令索引」、または民間の有料法律データベースで検索します。（☞ 48 ページ）

（☞ 48 ページ）

【特別法が優先する】
電子消費者契約法は民法の特別法なので、電子消費者契約の場面では、この法律が民法よりも優先適用される。民法 95 条の参照条文に「電子消費者契約法」などの特別法が表示されている。

（前略）

第一条 この法律は、消費者が行う電子消費者契約の申込み又はその承諾の意思表示について特定の錯誤があった場合に関し民法（明治二十九年法律第八十九号）の特例を定めるものとする。

（定義）

第二条① この法律において「電子消費者契約」とは、消費者と事業者との間で電磁的方法により電子計算機の映像面を介して締結される契約であって、事業者又はその委託を受けた者が当該映像面に表示する手続に従って消費者がその使用する電子計算機を用いて送信することによってその申込み又はその承諾の意思表示を行うものをいう。

② この法律において「電磁的方法」とは、電子情報処理組織を使用する方法その他の情報通信の技術を利用する方法をいう。

③ この法律において「事業者」とは、法人その他の団体及び事業として又は事業のために契約の当事者となる場合における個人をいう。

二 当該事業者との間で電子消費者契約の申込み又はその承諾の意思表示を行う意思がなかったとき。

一 消費者がその使用する電子計算機を用いて送信した時に当該事業者との間で電子消費者契約の申込み又はその承諾の意思表示に対応して電子計算機の映像面を用いて確認を求める措置を講じた場合又はその消費者が当該事業者に対して当該措置を講ずる必要がない旨の意思の表明をした場合は、この限りでない。

（中略）

み若しくはその承諾の意思表示を行う意思の有無について確認を求める措置を講じた場合又はその消費者が当該事業者に対して当該措置を講ずる必要がない旨の意思の表明……異なる内容の意思表示を行う意思があったとき。

附　則〔省略〕

☞❶憲法37条の原則が、刑事訴訟法や刑事訴訟規則で具体的に規定されていることを示す参照条文。

☞❷参照条文の中に「迅速な裁判⇒裁判迅速化法」裁判の迅速化に関する法律があることが示されている。しかし、右肩に小さな△印がついているため『デイリー六法』には収録がない法律であることがわかる。

第三七条　①[迅速な公開裁判、証人審問権、国選弁護制度]すべて刑事事件においては、被告人は、公平な裁判所の迅速な公開裁判を受ける権利を有する。
②刑事被告人は、すべての証人に対して審問する機会を充分に与へられ、又、公費で自己のために強制的手続により証人を求める権利を有する。
③刑事被告人は、いかなる場合にも、資格を有する弁護人を依頼することができる。被告人が自らこれを依頼することができないときは、国でこれを附する。

▼①公平な裁判所／刑訴一〇─二六、刑訴規九─一三、裁判迅速化／裁判迅速化／公開裁判／刑訴二七七／刑訴規一九一─一九四／❷裁判迅速化／裁判迅速化・公開裁判九─八二二／②証人尋問／刑訴一五七─一六四／刑訴規一〇六─一二七／③弁護人依頼権の告知／刑訴七七・七八・二〇三・二〇四／刑訴規一七七・一八一／弁護人選任／刑訴三〇─四一・七一一─七一三・一七七・一八一／被告人の国選弁護／刑訴三六─三八・二九〇／刑訴規二八─二九の三

【①一般法→特別法の参照条文】

☞民法95条第3項の「表意者に重大な過失があったときは意思表示の取消しをすることができない」部分を、インターネットなど電子的手段を用いた取引での消費者保護を目的とした特別法（電子消費者法3条）で適用除外の対象としている。（☞72ページ）

電子消費者契約に関する民法の特例に関する法律

[施行　平・一三・一二・二五]
[法律一三年六月二九号]

（電子消費者契約に関する民法の特例）
第三条　民法第九十五条第三項の規定は、消費者が行う電子消費者契約の申込み又はその承諾の意思表示について、その意思表示が同条第一項第一号に掲げる錯誤に基づくものであって、その錯誤が法律行為の目的及び取引上の社会通念に照らして重要なものであり、かつ、次のいずれかに該当するときは、適用しない。ただし、当該電子消費者契約の相手方である事業者（その委託を受けた者を含む。以下同

【錯誤】
第九五条　①[意思表示は、次に掲げる錯誤に基づくものであって、その錯誤が法律行為の目的及び取引上の社会通念に照らして重要なものであるときは、取り消すことができる。
一　意思表示に対応する意思を欠く錯誤
二　表意者が法律行為の基礎とした事情についてのその認識が真実に反する錯誤
②前項第二号の規定による意思表示の取消しは、その事情が法律行為の基礎とされていることが表示されていたときに限り、することができる。
③錯誤が表意者の重大な過失によるものであった場合には、次に掲げる場合を除き、第一項の規定による意思表示の取消しをすることができない。
一　相手方が表意者に錯誤があることを知り、又は重大な過失によって知らなかったとき。
二　相手方が表意者と同一の錯誤に陥っていたとき。
④第一項の規定による意思表示の取消しは、善意でかつ過失がない第三者に対抗することができない。

[平二九法四四本条改正]
【平二九法四四】(1)・身分行為五四(1)・四四／(2)・電子消費者契約の特例五・三／(3)・株式引受け等の特例・会社五一・一／(6)・一般社団七・一二／二〇八・二一六・二九五／一般財団法人等不取得七六・七／七八

☞❸そこで、巻末の「法令名略称表」を見ると、その法律名は「裁判の迅速化に関する法律」であることがわかる。
そこで、同法を収録した六法またはe-Gov法令検索、法律データベースで検索する。

判例付き『模範六法』を手のひらに。
iOS 物書堂版「模範六法」

●アプリ六法ならではの機能が満載

iPhone など iOS 対応の「物書堂六法」は、100 グラム程度の iPhone に模範六法 3600 ページ超の全データが収まります。無料版では日本国憲法、民法、会社法、民事訴訟法、刑法、刑事訴訟法の条文を収録、そのほかはアプリ内課金方式で購入します。

■素早く目指す法令にジャンプ

目指す法令名と条数がわかるなら、テンキーから直接条数を入力できます。目次と法令索引が一体化されているため、条文を法体系の構造の中でとらえながら検索可能です。

■比較しやすい画面設計

模範六法の条文には参照条文や判例要旨が併記されており、重要法令の改正では新旧条文が併記されます。アプリ版模範六法では、これらが別ウィンドウで表示されることで、元の条文と簡単に照らし合わせることが可能です。使わない時には見えないので、シンプルな操作性が確保されます。

■多彩な検索機能

キーワードによる条文検索では、指定した法令の中で目指す条文を探すだけでなく、串刺し検索により関係法令をグループとしてとらえることも可能です。判例要旨検索、判決日付検索も可能です。

■ e-Gov 法令検索とも連携

模範六法で抄録されている法令を e-Gov 法令検索からダウンロードできます（模範六法とは別体系で表示されます）。模範六法の機能を補完できる便利な機能です。

【①リンク付きの法令目次】

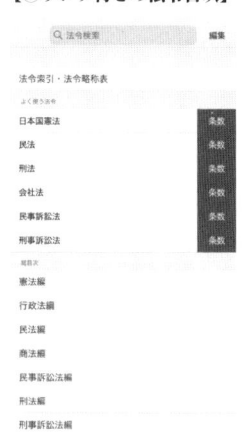

冊子の六法の法令索引と目次が一体に作られている。

【②条名をテンキー入力】

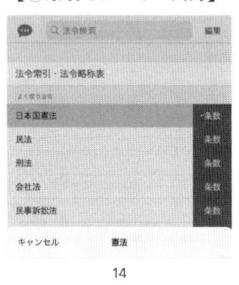

14

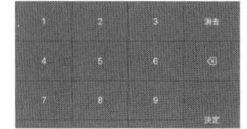

条名（番号）を直接入力できる。

【③五十音法令検索】

読みを入力するにつれ、候補が絞り込まれていく。

【④法令目次から条文に】

条文のリンクがある法令ごとの目次は使用頻度が高くなる。

【⑤本文での検索も可能】

節や款、目単位で条名と見出しがリンクとして一覧できる。

【⑥参照条文や判例は見比べやすい別画面が開く】

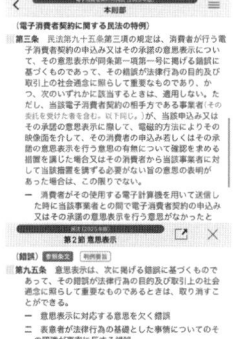

冊子の模範六法と同じく参照条文と判例要旨が収録されているが、それぞれ別画面で見るスタイルなので、表示がすっきりしている。条文そのものを読むことに集中できる優れた設計。

【⑦「e-Gov法令検索」と連携】

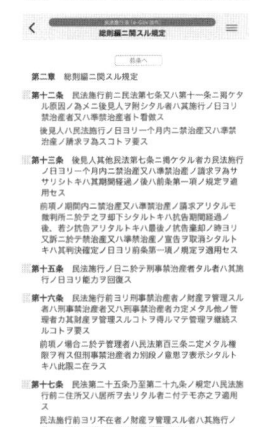

模範六法で抄録されている法令をe-Gov法令検索からダウンロードして全文を確認できる。アプリのe-Gov法令検索目次では、模範六法収録法令に色がつけられ識別しやすい。

第2章 法律の構造を知り、条文を読みこなそう！

まず「主語」＋「述語」で、条文の「かたち」をとらえよう

●条文から「かたち＋機能」を読む

「条文を読み解く方法」は、ふたつ。

ひとつは、「かたち」。条文の言葉を正確に読み取ることです。もうひとつは、「機能」。法律的な権利・義務関係がどんな条件で生まれ、どんな法的効果を生むのかを、文章の構造を分解することで導き出します。

■「何が＋何だ」が条文構造の基本

まず、「かたち」から。文章の構造を読み解きましょう。これは「国語」の確認です。

条文は「主語＋述語」で基本的な構造で作られています。これは、条文が誰が読んでも意味が同じに読み取れるように配慮されているからで、【②③】のように長く複雑な条文でも、複数の主語＋述語のセットの組み合わせに分解すれば簡単に意味が読み取れます。

■「主語＋述語」と修飾語の関係をつかむ

次に、一般の文章と同じく「主語＋述語」構造の中に、主語または述語の具体的な内容を説明することで、一文の意味が成り立ちます。これらは「……のとき」という条件や要件、「……又は……若しくは」などと接続詞を使った列挙が入り、次で解説する法的効果の要件となります。これらが複数の要素として階層構造（上下関係）を成しているのですが、分解すれば理解は簡単なのです。

最近の立法は、複雑な仕組みを規定しなければならず長文になりがちで、カッコが多用されています。まず、カッコを外して主語＋述語関係を確認し、次にカッコ内を分析すればわかりやすくなります。

【①民法３条１項】

主語の
具体的説明

私権の享有 (主体) は、 〔主語〕

出生に始まる。 〔述語〕

述語の
具体的説明

☞
基本的な「主語＋述語」関係。国語のおさらいとして、〔誰が（何が）＋どんなだ〕を確認。

【民法 555 条】
〔メイン主語＋メイン述語〕の中に、条件がふたつ入っていて、それぞれ〔主語＋述語〕関係が構成されている関係。

【会社法 184 条１項】
まず、カッコを外して〔メイン主語＋メイン述語〕を見つける。次に主語と述語を具体的に説明している語句を見つける。メイン述語を説明する「株式を」は、述語の目的語となっていることに注意。

【②主語＋述語に条件が加わる・民法555条】

〔メイン主語〕**売買は、**
　　　　　　〔条件1の主語〕　　　　　述語1の
　　　　　　　　　　　　　　　　　具体的説明
　〔条件1〕**当事者の一方がある財産権を相手方に移転**
　　　　　　　　　　〔条件1の述語〕
することを約し、
　　　　〔条件2の主語〕　　　　　　　　述語2の
　　　　　　　　　　　　　　　　　　　具体的説明
　〔条件2〕**相手方がこれに対してその代金を支払うこ**
　　　　　　　　　〔条件2の述語〕
とを約することによって、

〔メイン述語〕**その効力を生ずる。**

【③カッコが重なる条文・会社法184条1項】

基準日において株主名簿に記載され、又は
　　　　　　　　主語の具体的説明❶
記録されている株主（種類株式発行会社に
　　主語の具体的説明❷
あっては、基準日において株主名簿に記載
され、又は記録されている前条第二項第三
号の種類の種類株主）は、同項第二号の日
メイン主語〕
株主は
に、基準日に有する株式（種類株式発行会
社にあっては、同項第三号の種類の株式。
以下この項において同じ。）の数に同条第
二項第一号の割合を乗じて得た数の株式を
　　　　　　　　述語の具体的説明
取得する。
〔メイン述語〕

「要件」×「効果」で、条文の法的機能を理解する

●法律効果の条件と結果「要件×効果」

「主語＋述語」関係で条文の構造を理解したら、次に、条文が法律的効果を生む（と宣言している）構造に注目します。

具体的な事実が一定の〔法律要件〕を充たすことによって、〔法律効果〕が生じます。条文は、その関係を記すことで「法規範」としての役割を果たしています。

■「どんな効果が」、「何に」生まれるか

「……すれば（要件）、……となる（効果）」これが、「要件×効果」構造の基本です。民法など私法において法律効果を発生させるキーとなるのは、私的自治の原則に基づく「意思表示」であり、法律効果とは「権利・義務の発生、変更、消滅」のことです。意思表示をすると法律要件が満たされ、法律効果が発生することになります。また、刑法では「構成要件」と呼ばれる要件を充たすことで犯罪が成立し、刑事罰の適用対象となる効果が生まれます（効果の確定は刑事訴訟法の手続に従った捜査・裁判を経ることが必要です）。

■他の条文との関係で「要件×効果」が生まれる場合も

一条の条文中で、要件効果が完結せず、他の条文や他の法律が要件となっていたり、条文にない概念が一種の法規範として法律効果を生むことに関与したり、さらに判例（☞60ページ）によって形づくられた法規範が「要件×効果」関係を補い、修正している場合もあります（たとえば、民法の大原則「私的自治の原則」も、条文にはありません）。

【①民法 121 条】

> **取り消された**
> **行為は、** 〔要件〕
> **初めから無効**
> **であったもの**
> **とみなす。** 〔効果〕

〔主語＋述語〕関係が、要件効果関係の構造になっている。「取り消された行為」を受ける述語が効果となる。主語・述語との関係でどのような意味が生まれるかに注目して読んでいくと、取消という意思表示をともなう法律行為が要件となり、「初めから無効」という法律効果を生んでいる。「みなす」の意味については（☞40ページ）。

【民法 555 条】
売買は、両当事者の意思が合致してはじめて成立する「双務契約」なので、〔要件1〕と〔要件2〕は、andで成立する条件関係となる。

【会社法 184 条 1 項】
〔要件1〕と〔要件2〕は、「又は」で結ばれている。orの関係で、どちらかの要件が充たされれば法律効果は発生する。「又は」については（☞37ページ）。

〔メイン主語〕
売買は、

〔主語〕　　　　　　　　〔目的語〕
〔要件 1〕当事者の一方がある財産権を相手方に移転

〔述語〕
することを約し、

〔主語〕　　　　　　　　　　　　　〔目的語〕
〔要件 2〕相手方がこれに対してその代金を支払うこ

〔述語〕
とを約することによって、

〔メイン述語〕
〔効果〕その効力を生ずる。

【③ 2 つの要件が or・会社法 184 条 1 項】

基準日において株主名簿に記載され、又は
〔要件 1〕
記録されている株主（種類株式発行会社に
〔要件 2〕
あっては、基準日において株主名簿に記載
され、又は記録されている前条第二項第三
号の種類の種類株主）は、同項第二号の日
に、基準日に有する株式（種類株式発行会
社にあっては、同項第三号の種類の株式。
以下この項において同じ。）の数に同条第
二項第一号の割合を乗じて得た数の株式を
〔効果〕
取得する。

「要件」×「効果」から「法律効果」が生まれる

■条文に表れない法律効果も生まれている

実際にどのような法律効果が生じるか。法令によって異なりますが、民法と刑法を例にとって見てみましょう。

■民法 555 条の法律効果

【権利・義務の発生】たとえば売主 A と買主 B の間で売買契約を締結すると、以下の法律効果が発生します。

・A の法律効果：B に対する代金支払請求権と B に対する目的物引渡義務の発生。

・B の法律効果：A に対する代金支払義務と A に対する目的物引渡請求権の発生。

【権利・義務の消滅】B が A に対して代金を支払い、A が B に目的物を引き渡すと、上記の法律効果が消滅します。

【権利・義務の変更】上記の契約の意思表示に買主 B が「錯誤があった」とした場合、A と B の間の契約は無効になり権利・義務関係が変更されます。（民法 95 条）

■刑法 199 条の法律効果

民法は個人と個人の法律要件・効果を規定している法律ですが、刑法は国家と個人の関係について規定しています。

【構成要件と刑罰】たとえば、A が殺人の罪を犯したとすると、刑罰を受けるという法律効果が発生します。ただし、刑法では民法とは違い、条文には明記されていない違法性と責任の法律要件も充たさないと法律効果は発生しません。

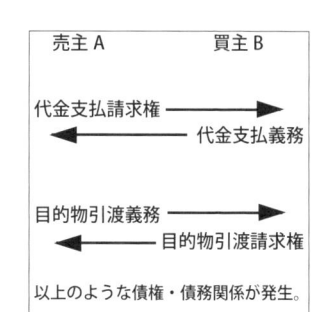

売主 A　　　　　　買主 B

代金支払請求権 →

← 代金支払義務

目的物引渡義務 →

← 目的物引渡請求権

以上のような債権・債務関係が発生。

双務契約である売買契約が成立して発生する法律効果のとして、上図のような債権・債務関係が発生する。贈与や請負などの「片務契約」では、片方の意思による要件で、法律効果が発生する。詳しくは民法の授業か概説書で。

A の行為が

構成要件該当性→違法性→有責性がある➡可罰的

（異なる学説もある）

刑法の条文上で発生する法律効果は「構成要件該当性」に当たる。実際に刑罰が課せられるためには、違法性と有責性を検討し、それが備えられていると認められなければならない。

【①民法 555 条の場合】

〔メイン主語〕
売買は、

〔主語〕　　　　　　　〔目的語〕
〔要件1〕当事者の一方がある財産権を相手方に移転

〔述語〕
することを約し、

〔主語〕　　　　　　　　　　　　　　　　〔目的語〕
〔要件2〕相手方がこれに対してその代金を支払うこ

〔述語〕
とを約することによって、

〔メイン述語〕
〔効果〕その効力を生ずる。

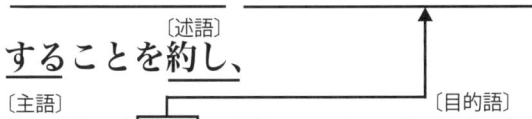

【②刑法 199 条の場合】

〔要件〕人を殺した者は、

〔効果〕死刑又は無期若しくは五年以上の拘禁刑に

処する。（令和7〔2025〕年5月31日まで「拘禁刑」は「懲役」）

法令用語の基礎知識①
法律要件は接続詞で構成される

●法令用語の意味を知り、使いこなそう！

法令用語は、法律要件を規定し、法律効果を生み、関係性を示し、読み方を整理するなどの機能があります。ことば一つひとつに明確な役割があり、誰が読んでも同じ意味として伝わるよう、あいまいさは排除されています。「部品」に徹しているのです。それが逆に、一般の言葉とは違った肌合いで親しみにくく感じさせるのも事実です。

一方で、法令用語の中には、日常使う言葉と同じものもありますが、使い方や意味が異なることがあるので注意が必要です。

しかし、法令用語の意味やルールは決まっていますから、以下ご紹介するルールを理解すれば、使いこなしは簡単です。

＊

●接続詞が法律の階層構造を表す

法令用語を理解するうえで、もっとも重要なのは接続詞です。

いちばんシンプルな主語＋述語構造である「AはBである」を基本に、ほとんどの条文は、「大きな概念」「小さな概念」（上位・下位）を組み合わせることで階層構造を作り上げて法律要件を作り上げたり、区切ったり、列挙したり、原則・例外関係をはっきりさせる役割を果たします。

これら上位・下位の階層構造や、含み・含まれる関係はなかなかわかりにくいので、本書では、等号・不等号などを使って、関係を説明していきます。

〈又は〉
単純な並列
A 又は B

要素が 3 つ以上の場合は「、」で並列させ最後に「又は」を挿入する。
A、B、又は C
(A=B=C)
【民法 13 条 5 号】
五 贈与、和解**又は**仲裁合意をすること。

〈又は＋若しくは〉
A 若しくは B 又は C
({A=B} =C)
【民法 432 条→平 29 債権法改正施行後 436 条】
……債権者は、その連帯債務者の一人に対し、**又は**同時に**若しくは**順次にすべての連帯債務者に対し、全部**又は**一部の履行を請求することができる。
(A ＝ {B=C=D……})
➡債権者は、連帯債務者のひとり A に対して全部、あるいは一部の履行を請求することができるし、A だけでなく他の連帯債務者 B、C、D……に対して、全員一度に、あるいは順次に、債権の全部、あるいは一部の履行を請求することができる。

■又は・若しくは

「又は」は要素と要素を結びつける接続詞で、並列、すなわち同格のものを並べる接続詞として、英語の or に当たります。

要素同士の 1 対 1 対応ではなく、グループ同士やグループと個別の要素で構成されるときは、一番上の結びつきに「又は」を、その下での結びつきを「若しくは（もしくは）」で結びます。両者を組み合わせれば階層構造を表現することができます。

■及び・並びに

「及び」は、要素と要素を併合させる意味をもち、英語の and を意味する接続詞として使われます。「並びに」は単独では使われず「及び」と組み合わせて「並びに」に上位の概念を、「及び」には下位の概念をまとめて階層構造を作る機能があります。

■かつ

併合的な意味をもつ接続詞です。「かつ」でつなげられた複数の要件はすべて満たされる必要があり、また行為がつなげられている場合は、すべてを必要とするものです。「及び」よりも密接なつながりを表します。

■ただし

文章をつなぎ、後の文で条件や例外を表す機能があります。「Aただし B」では、Aと Bとの関係は「原則と例外」となりますが、このほか「原則と制限的付加条件」、「原則と除外例」、「原則と解釈上の注意規定」を表すときにも用いられます。文頭に「ただし」と入る場合は「ただし書」と呼ばれ、例外を表すときに使います。

〈及び〉

単純な並列

A 及び B

要素が 3 つ以上の場合は「、」で並列させ最後に「及び」を挿入する。

A、B、及び C

(A=B=C)

〈及び＋並びに〉

A 並びに B 及び C

（A {B=C}）

【会社法 355 条】

取締役は、法令及び定款並びに株主総会の決議を遵守し、株式会社のため忠実に……。

〈かつ〉

【民法 162 条 1 項】

二十年間、所有の意思をもって、平穏に、かつ、公然と他人の物を占有した者は、その所有権を取得する。

➡「平穏」と「公然」両方が必要。

〈ただし〉

【民法 9 条】

成年被後見人の法律行為は、取り消すことができる。ただし、日用品の購入その他日常生活に関する行為については、この限りでない。（原則と例外）

【民法昭和 50 年 12 月 20 日法律 68 号附則 2 条】

……ただし、改正前の当該規定によって生じた効力を妨げない。（原則と除外例）

法令用語の基礎知識②
位置づけを示すさまざまな法令用語

■者・物・もの

　読み方は同じでも、書き方（表記）によって性格が異なることばの代表です。「者（モノ・シャ）」は法律上の人格を表す言葉で、人間（自然人）のみならず企業、社団、財団などの法人も含めて表します。法人格を有しない社団・財団は「者」には含まれませんので、注意が必要です。「物（モノ・ブツ）」は、有体物（物理的に空間の一部を占めて有形的存在を持つもの）や不動産の物件などを表し、「もの」は無体物（有体物のような実体がなく、触ることができないもの。たとえば映画・音楽・小説などの「思想・感情の表現」である著作物や特許権、営業秘密としてのノウハウなどが含まれる）や、抽象的なことがら（概念）を示す言葉です。

■時

　漢字で表記する「時」は、ある時点、時刻や時期を表し、「場合」のことは指さないので注意が必要です。

■とき

　「場合」のこと、仮定的条件を表します。

■場合

　「とき」と同じく仮定的条件を表します。「場合」と「とき」を組み合わせて使う際には、「場合」が前提条件のある、比較的大きな概念を示すのに対し、「とき」は目前のものを言い表していることが多く、概念の大きさから見れば、**場合＞とき**の位置づけになります。

〈者〉
これらの者
本人以外の者
未成年者
行為能力者
代表者
当事者
〈物〉
有体物
無体物
定着物
〈もの〉
有しているもの
決するもの
掲げるもの
含むもの

〈時〉
契約の時
行為の時
確定した時
〈とき〉
消滅したとき
用いたとき
明らかでないとき
〈場合〉
この場合
死亡した場合
前条の場合

■直ちに・速やかに・遅滞なく

「時をおかずに（遅れてはいけない）」という意味。強い（急いでいる）順に、「直ちに＞速やかに＞遅滞なく」の順となります。

■以上・超える・以下・未満

数量を示す用語です。基準となる数や値を含むか含まないかという関係については、国語的な意味と同じです。

以下・以上は、付け加えられた基準値を含み、未満・超えるは基準値を含みません。また、「以下」には、「これ以降」という、時制を表す意味もあります。

■以前・前・以後・後・以内・内

期間や時間の量について表す言葉です。ある基準時を原点に、時間的な長さ（過去・未来）を示します。

「以前・以後・以内」はその日付や時間を含みますが、「前・後・内」はその日付・時間を含みません。

■〜の日から、〜の日まで

期間の起算点を示します。「〜の日から」の場合は、当日は含まず、翌日から起算します。「〜の日まで」の場合は、当日を最終日（末日）として含みます。「〜の日前○日以内に」については、「〜の日」の前日を第1日として「○日」目を期限とする期間となります。

■経過した、経過する

ある期間の満了する時点を過ぎる、ということを示しています。

〈直ちに〉

【刑事訴訟法 76 条 1 項】

被告人を勾引したときは、**直ちに**被告人に対し、公訴事実の要旨及び弁護人を選任することができる旨並びに……

〈速やかに〉

【刑事訴訟法 215 条 1 項】

司法巡査は、現行犯人を受け取つたときは、**速やかに**これを司法警察員に引致しなければならない。

〈遅滞なく〉

【刑事訴訟法 271 条 1 項】

裁判所は、公訴の提起があつたときは、**遅滞なく**起訴状の謄本を被告人に送達しなければならない。

〈日から〉

【刑事訴訟法 60 条 2 項】

勾留の期間は、公訴の提起があつた**日から**二箇月とする。

〈日まで〉

【会社法 58 条 1 項 4 号】

一定の**日までに**設立の登記がされない場合において……

〈〜の日前○日以内〉

【著作権法昭和 60 年 6 月 14 日法律第 62 号附則 3 項】

改正後の著作権法第七十八条の二に規定する法律の**施行の日前六月以内**に創作されたプログラムの著作物に係る著作権法第七十六条の二第一項の登録については、その施行の日から三月を経過する日までの間は、同項ただし書の規定は、適用しない。

法令用語の基礎知識③
法律効果にかかわる法令用語

■施行する・適用する・準用する

　法律の適用に関する用語。「施行」は、法令の規定の効力を発効させること。(☞○ページ)「適用」は、法令の規定を具体的な対象に対して発効させること。「準用」は、規定の本来の対象ではないが類似する相手に効力を発効させること。

■例による、同様とする

「例による」は、ある事項に、別の制度そのものをあてはめる場合。法的に取り扱いを同じくするという意味。

「同様とする」は、別の個別の事項について、その規定と同様の効果を与えるもの。

■〜による・〜で定める

　他の規定や法的概念、事実関係に根拠があることを示しています。

■この限りでない、妨げない

「この限りでない」は、規定の一部または全部の適用を否定する、あるいは除外する意味。「妨げない」は、その規定以外の規定や制度も有効であることを示すもの。

■みなす

　本来、その法律が適用を予定している対象と異なるものに対して、同一の法律効果が及ぶものとするもの。

■推定する

　通常予測される事実関係を、法令の適用において本来の事実関係として仮定して扱う。もし事実関係が異なると証明されれば、この法律効果は効力を失うことになる。

〈準用する〉

【民法205条】

この章の規定は、自己のためにする意思をもって財産権の行使をする場合について準用する。(「この章」とは民法第2編物権、第2章占有権を指す)

〈例による〉

【民法昭和22年12月22日法律第222号附則11条】

新法施行前に生じた事実を原因とする離婚の請求については、なお、従前の例による。(このように、改正時の経過措置に言及される際などに使われることが多い)

〈による〉

【民法398条の3第2項3号】

抵当不動産に対する競売の申立て又は滞納処分による差押え

〈この限りでない〉

【民法264条】

この節……の規定は、数人で所有権以外の財産権を有する場合について準用する。ただし、法令に特別の定めがあるときは、この限りでない。(「この節」とは民法第3章所有権、第3節共有を指す)

〈推定する〉

【民法186条1項】

占有者は、所有の意思をもって、善意で、平穏に、かつ、公然と占有をするものと推定する。

■である、する、するものとする

「である」は、一定の前提となる事実を示し、また、同格の位置づけも示します。「する」は、創設したり拘束力を持たせる、といった宣言的・断定的な表現です。「〜しなければならない」と同様の義務的な意味が含まれる場合もあります。

「ものとする」は、原則を表す表現であり、また、念押し的な表現としても使われます。

■できる、できない

「できる」は、その行為をする法的な権利・権限・能力があること、あるいは可能なことを示します。一方、「できない」は、権利がないことを示し、法律関係の変動を意図して法律行為を行っても、法律効果は発生しないことになります。

■しなければならない、してはならない

「しなければならない」は、ある行為（作為義務）をする法的義務を負っていることを示します。義務まで至らない、「努めなくてはならない」努力規定もあります。「してはならない」とは、その行為を禁止すること。「あってはならない」なども同様の意味です。

■科する、処する

「科する」は、刑罰（懲役、罰金、科料など）や過料を負わせる場合、「処する」は、具体的な刑罰、制裁を加える場面に使われます。「刑を宣告する」という意味合いでも使われています。

■課する

刑罰ではない一定の制裁を加える場合や、制限や義務を負わせる場合にも使います。

〈である〉
【日本国憲法 15 条】
公務員を選定し、及びこれを罷免することは、国民固有の権利である。（一定の前提となる事実）
【刑事訴訟法 24 条 1 項】
……同様である。（同格）
〈ものとする〉
【民法 36 条 1 項】
法人及び外国法人は、この法律その他の法令の定めるところにより、登記をするものとする。
〈できる〉
【民法 96 条 1 項】
詐欺又は強迫による意思表示は、取り消すことができる。
〈してはならない〉
【刑事訴訟法 47 条】
訴訟に関する書類は、公判の開廷前には、これを公にしてはならない。
〈処する・科する〉
【刑法 210 条】
過失により人を死亡させた者は、五十万円以下の罰金に処する。
【会社法 965 条】
……五年以下の拘禁刑若しくは五百万円以下の罰金に処し、又はこれを併科する。預合いに応じた者も、同様とする。
〈課する〉
【法人税法 5 条】
内国法人に対しては、各事業年度の所得について、各事業年度の所得に対する法人税を課する。

法令用語の基礎知識④
法令の適用や規定の引用、関係性

■同・前・次（前後の規定を引用する場合）

直前に引用されている規定と同じものを指すのが「同」です。その条（項・号）のみならず、直前に引用されているものならば章・節や法令まで「同」で受けることができます。

「前」は、直前の規定のみを受けますが、複数ある場合は「前三条」などとまとめて受けることが可能です。

「次」は、直後に項目を挙げていることを示したり、次項の規定を引く際に使いますが、「前」のように、複数の項目を引くことはできません。

■その他・その他の

「その他」も……and……という形で並列を表す意味を持っています。「その他の」は、その前に事項を列挙し、後ろではカテゴリーとして示す意味があります。

■係る、関する、ついて

「Aに係るB」は、ことがらAにBが結びついているという意味、「Aに関するB」はBが関係しているという意味で、強さで比べると「係る＞関する」となります。「ついて」は、さらに狭く対象を指し示すものです。

■等

「など」という意味で条名によく使われます。直前の言葉で「例示した以外のもの」という意味で、限定的な意味はありません。

〈前・同〉

【民法 211 条 1 項】
前条の場合には、通行の場所及び方法は、**同条**の規定による通行権を有する者のために必要であり、……

【民法 27 条 1 項】
前二条の規定により家庭裁判所が選任した管理人は、……

〈次〉

【民法 361 条】
不動産質権については、この節に定めるもののほか、その性質に反しない限り、**次章**（抵当権）の規定を準用する。

〈係る〉

【民法 134 条】
停止条件付法律行為は、その条件が単に債務者の意思のみに**係る**ときは、無効とする。

〈関する〉

【民法 177 条】
不動産に**関する**物権の得喪及び変更は、……

〈ついて〉

【民法 188 条】
占有者が占有物に**ついて**行使する権利は、適法に有するものと推定する。

第3章 法令と判例の調べ方を知ろう！

法令とはなにか、
その位置づけはどうなっているか

●法令の位置づけとは

　日本の法令の中で最も上位にあるのは日本国憲法です。国の最高法規であり、すべての法令の根拠となるものです。法令の最頂点に位置する「法令の法令」だと言われます。日本国憲法に反する立法は許されません。

■法律と命令類の上下関係

　憲法の下には、定められた形式により国会の議決により制定される（憲法 59 条）法形式である法律、その下に、内閣が制定する政令、さらに内閣総理大臣の命令である府令・各省大臣による命令の省令が位置します。政令や省令は法律の規定に則り、法律の効力を実際に発揮させる細かい決まりを定める場合が多いです。法律は政令、府令・省令の上位にあり、これに反する命令は許されません。

■行政・立法・司法三権の規則類

　そして、三権分立の立法機関である国会の衆議院規則と参議院規則、司法機関である最高裁判所規則と、会計検査院・人事院・会計検査院、国家公安委員会などの行政委員会規則は、内閣からの独立性を保つため、先の憲法〜法律〜命令の「法令のピラミッド」とは別な体系として憲法の下に位置します。

■条例は法令と別体系だが法令の下位となる

　地方公共団体はその議会の議決で条例を制定できます（憲法 94 条）。条例と、条例の下位に位置づけられる地方自治体の規則は、法令とは別の体系として憲法の下に位置づけられますが、その内容は法律、政令、府令・省令にも拘束されます。

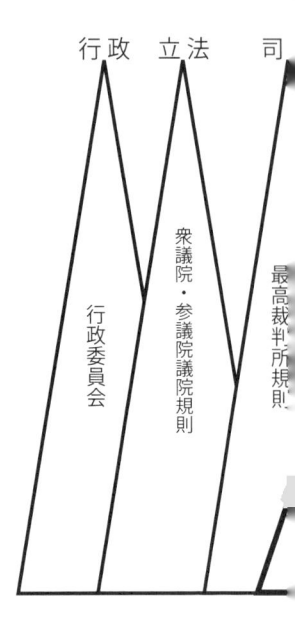

条　約

行政　立法　司

行政委員会

衆議院・参議院議院規則

最高裁判所規則

【法令・条約・規則・条例の相互関係】

■条約は憲法の下、法令の上に位置づけ

条約は国際法に基づいて国家間や国際機関で結ばれる法形式です。これまで見てきた国内法の体系とはまったく別な体系に位置づけられますが、国内法との関係では、憲法の下、法律の上に位置づけられます。すなわち、法律以下の国内法は、日本が批准（国家による同意・確認）して効力を発揮している条約に反する形では制定できません。また、条約の内容を国内に反映させるためには、その旨を法律化する立法作業が必要になります。

憲　法

法　律

政　令

府例・省令

地方自治体

条例

規則

各法令の位置づけ

憲法……国の最高法規

法律……日本国憲法の定める方式に従い、国会の議決を経て「法律」と制定される法。

政令……内閣が制定する命令。

府令……内閣総理大臣が内閣府の長として発する命令。

省令……各省の大臣が発する命令。

規則……内閣府及び各省の長以外の他の行政機関が発する命令。

法令はどんな形をしているのか
その構成要素を見る

■六法に法令の全部は載っていない

　『デイリー六法』をはじめとする六法には、法令名や公布年月日、法律番号など法令に記されている情報のほか、最終改正日や近日施行される条文についての注が設けられています。また、附則など学習・実務などの目的に照らして重要性が低いと認識される部分は省略されている場合があります。では、実際の法律には何が収録されているかをここで見ていきましょう。

　右の図に示しているのが「法律の形式」です。題名の次に目次が掲載されており、規模の大きな法律では章名（編名）、そして条文が掲載されています。古い法令では、冒頭に「制定文」＊がある場合がありますが、六法では省略されています。本則の末尾には表組の別表がつけられている法令も多く、列挙や場合分けなどの理解に配慮されています。

■本法附則と改正法の附則

　本則の末尾には「附則」が置かれ、その法令の施行期日や、有効期限を区切った限時法（時限立法ともいう）の場合はその期限、そして法律の施行にともなう経過措置などが規定されています。改正法においても、改正日や改正の経過措置などを定めた附則がつけられ、六法によっては改正経過を示す資料として、本則の末尾に改正法の附則を付け足していく場合があります。

　改正経過を追跡するには、国会図書館のデータベース「日本法令索引」が、制定時の国会の会議録まで検索が可能で便利です。

❶題名　いわゆる法令名のこと。

❷公布年月日＋法律番号

❸公布文　法令を公布する旨の公布者の意思を表明する文書。法令ではないので注意。民法は旧憲法下で公布されたので、これは天皇による「上諭（じょうゆ）」。

❹目次

❺本則　六法では第1項の文頭に①を入れてあるが、実際の法令では第2項から文頭にアラビア数字を入れて表記している。

　また、条名について、十、百、千の単位を六法では一〇、一〇〇、一〇〇〇と表記している。

❻本法附則　「日本国憲法の改正手続に関する法律」は、憲法改正の手続である国民投票の対象者を満十八歳以上とするため、現在二十歳以上の選挙権や成年年齢を十八歳に引き下げる法制上の措置を附則3条で求め、それが成るまでは本則の「満十八歳以上」を現行の「満二十歳以上」に読み替えるようにした経過措置。平成27（2015）年に公職選挙法が改正され、18歳選挙権が実現した。

❽嫡出でない子の相続分を嫡出子と同等にした改正での経過措置。

❾女性の再婚禁止期間をそれまでの300日から100日に短縮した法改正について、3年をめどに再検討する機会を設ける旨の規定。

＊制定文　既存の法律の全部改正の際に、その旨を記したもの（法律の場合）。

【法令の構成】

【民法の条文】

民法❶
（明治二十九年四月二十七日法律第八十九号）❷

民法第一編第二編第三編別ノ通定ム
此法律施行ノ期日ハ勅令ヲ以テ之ヲ定ム
明治二十三年法律第二十八号民法財産編財産取得編債権担保編証拠編ハ此法律発布ノ日ヨリ廃止ス
（別冊）

第一編　総則
　第一章　通則（第一条・第二条）
　第二章　人
　　第一節　権利能力（第三条）
　　第二節　行為能力（第四条―第二十一条）❹

（略）

（基本原則）
第一条　私権は、公共の福祉に適合しなければならない。
2　権利の行使及び義務の履行は、信義に従い誠実に行わなければならない。
3　権利の濫用は、これを許さない。❺

（遺留分の放棄）
第千四十三条　相続の開始前における遺留分の放棄は、家庭裁判所の許可を受けたときに限り、その効力を生ずる。
2　共同相続人の一人のした遺留分の放棄は、他の各共同相続人の遺留分に影響を及ぼさない。

（代襲相続及び相続分の規定の準用）
第千四十四条　第八百八十七条第二項及び第三項、第九百条、第九百一条、第九百三条並びに第九百四条の規定は、遺留分について準用する。

【日本国憲法の改正手続に関する法律・本法附則】

　　　附　則

　　　（略）

（法制上の措置）❻
第三条　国は、この法律が施行されるまでの間に、年齢満十八年以上満二十年未満の者が国政選挙に参加することができること等となるよう、選挙権を有する者の年齢を定める公職選挙法、成年年齢を定める民法（明治二十九年法律第八十九号）その他の法令の規定について検討を加え、必要な法制上の措置を講ずる。
2　前項の法制上の措置が講ぜられ、年齢満十八年以上満二十年未満の者が国政選挙に参加することができるまでの間、第三条、第二十二条第一項、第三十五条及び第三十六条第一項の規定の運用については、これらの規定中「満十八年以上」とあるのは「満二十年以上」とする。

【民法の改正法の附則の例】

　　　附　則（平成二十五年十二月十一日法律第九十四号）

（施行期日）
1　この法律は、公布の日から施行する。

（経過措置）
2　この法律による改正後の第九百条の規定は、平成二十五年九月五日以後に開始した相続について適用する。❼

　　　附　則（平成二十八年四月一三日法律第二七号）

（施行期日）
この法律は、公布の日から起算して六月を経過した日から施行する。

　　　附　則（平成二十八年六月七日法律第七一号）

（施行期日）
1　この法律は、公布の日から施行する。

（検討）
2　政府は、この法律の施行後三年を目途として、この法律による改正後の規定の施行の状況等を勘案し、再婚禁止に係る制度の在り方について検討を加えるものとする。❽

細かい法令、過去の法律
自分の六法にない法律を探す

■大きな冊子体の法令集から探す

　まずは、収録数の大きな六法を見るのがひとつの方法です。学習用とされる『デイリー六法』『ポケット六法』クラスよりも大きな冊子体（紙媒体）の六法として『模範六法』『六法全書』があります。さらに現行法規を網羅した大規模な法令集として『現行日本法規』（法務省編、ぎょうせい）と『現行法規総覧』（衆議院法制局、参議院法制局編、第一法規）があり、ルーズリーフ式で改正部分を差し替える「加除式」の100巻以上から成る大規模法令集です。大学図書館や規模の大きな公共図書館に収蔵されています。

■インターネットの法令集から探す

　「e-Gov 法令検索」（デジタル庁）は、各省庁所管の法律や命令・規則類が網羅され、法令データが中央省庁の法改正作業システム「e-LAWS」や法令の公布に使われる官報と共通化されたことで、条文が正しいことを国が確認した法令ポータルサイトです。次項で使い方を詳しく解説します。現行法令であれば、これが網羅しています。

■検索と冊子体六法で過去の法を知る

　過去の事件や契約について争う場合や、過去の判例を参照する際、その時点で施行されていた法令が現在と異なるならば、当時の「旧法令」を調べる必要があります。

　「e-Gov 法令検索」では、2015（平成27）年8月1日以降ならば日付指定で、その日施行されていた法令の条文が見られ

■『デイリー六法』クラスより大規模な冊子体の六法

『模範六法』（三省堂、判例六法編修委員会編）判例つき大型六法。収録法令374件、収録判例14,936件（令和7年版）ネット版、iOS版（☞ 26ページ）もある。

『六法全書』（有斐閣、山下友信・宇賀克也・中里実編集代表）2分冊。収録法令808件（令和6年版）。購入者は電子版を閲覧できる。昭和32年版からPDFファイルで閲覧でき、平成26年版以降については法令名検索とキーワード検索も可能。閲覧可能期間は次年度版刊行まで。

『有斐閣判例六法Professional』（有斐閣、山下友信・中田裕康・宇賀克也・中里実・長谷部恭男編集代表）収録法令374件、収録判例約13,950件（令和7年版）。

■有料法令データベース
・法令出版社によるもの

「現行法令電子版Super法令Web」（ぎょうせい）『現行日本法規』をデータベース化。会員制。改正法は週1回更新。

ますが、それ以前については改正の経過と国会図書館の「日本法令索引」のリンクが示されますが、日本法令索引では「その日」は指定できず、改正ごとの条文表示です。

過去の冊子体六法も活用できます。有斐閣『六法全書』の冊子体、または電子版無料閲覧サービスを利用すれば、「その日」施行の条文がわかります。冊子体は編集の関係で「内容現在」と呼ばれる締切日が年や年度の途中であることが多く、「凡例」のページで「その日」が入るか確認しましょう。古い年度版の六法は、特定年に有効の法令を確認する「旧法令集」としても有用で、大学図書館などではそのために古い冊子体六法を所蔵する場合もあります。

■有料法令データベースから探す

有料の法令データベースでは、ほとんどすべての法令が網羅されており、新法令や改正法令が施行された翌日〜1週間後には更新され、キーワード検索や関連法へのリンクや、過去の日付を指定することで当日有効だった法令を示すなど多彩な機能が搭載されています。ただし、利用料は高額なので、個人が契約するのは現実的ではありません。学生ならば大学や法科大学院で一括契約されていれば利用可能ですので確認してみましょう。また、国立国会図書館（東京・永田町）では、限られた端末でこれらのデータベースを無料で使うことができます。地方公共団体の図書館でも端末が設置されて利用可能なところがあります。

「現行法規　現行法検索」（第一法規）『現行法規総覧』と同内容のデータベース化。関連法へのリンクがあり、改正法は公布翌日更新。

・データベース会社による主な法令データベース

「LexisNexis JP」（レクシスネクシス・ジャパン）

「Westlaw Japan」（ウエストロー・ジャパン）

「LEX/DB インターネット」（TKC）

国会図書館の「日本法令索引」は、過去にさかのぼり法令の成り立ちを調べることができるデータベースだ。「改正法令」「廃止法令」のチェックボックスにチェックを入れることで、1886（明治19）年に制定された、法令の公布手続や命令を制定する根拠を定めた公文式（こうぶんしき）公布以降の法令を検索することができる。

「e-Gov法令検索」はインターネット法令データベースの決定版！

デジタル庁が運営する「e-Gov法令検索」は、国の法令データベースの決定版です。2017年に中央省庁が使う「e-LAWS」（法制執務業務支援システム）と、法令の公布に使われる「官報」掲載データとの共通化が実現したため、「国が確認した法令データ」の位置づけで、実質的に「正しい条文」の扱いで利用できるようになりました。また、データを印刷・ダウンロードしたり、XMLなど構造を記述する言語として書き出して利用することも可能です。

■法令名・キーワード・法令番号で検索

①法令名検索……法令名、略称法令名、または通称で検索。

②キーワード検索……キーワードを入力し、法令データ全文から検索。

③法令番号検索……年数と法令番号で検索。

■検索条件を指定する

①検索式を使った検索……検索法令を絞り込むために、複数の用語を含む「AND検索」、いずれか1つの用語を含む「OR検索」、特定の用語を含まない「NOT検索」を単独で、または組み合わせて使うことが可能です。

②法律種別を指定する……左カラム「詳細検索条件エリア」で、検索対象の法令種別（法律、政令、規則）を選択します。法律は閣法（内閣提出）、議法（議員提出）に分けて検索でき、政令、勅令、府省令、規則が指定できます。

③現行・廃止法令……過去の法令は2017〔平成29〕年4月1日以降公布のものは改正の

❶自動車の危険運転で事故を起こした運転者に刑罰を加重する法律を探したい。「危険運転致死傷」という言葉をよくメディアで目にするので、法令索引で「危険運転」と入れてみるが該当する法令はヒットしない。法令索引では検索語と法令名の一致が必要なのだ。

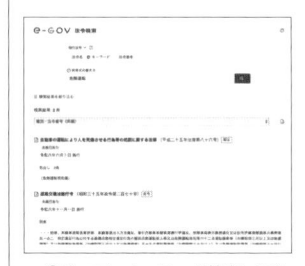

❷そこで、キーワード検索に切り替えて「危険運転」を入力すると、目指す法律がヒットした。当該法律名は「自動車の運転により人を死傷させる行為等の処罰に関する法律」。同法施行令とともに検索することができた。

❸ちなみに、法令検索では法令名の一部を入力してもヒットする。

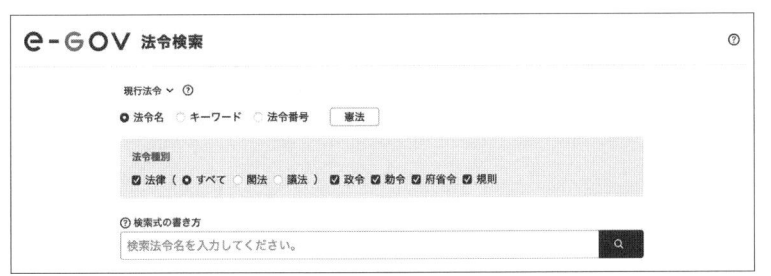

e-Gov 法令検索のトップ画面。

法令名を入力すると、検索結果が表示されると同時に左カラムが現れて、そこから絞り込むことができる。

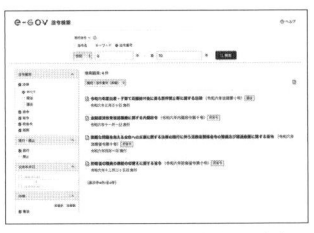

法令番号検索は、法令の公布年と法律番号で検索する。法律番号は年単位で第一号から起算されるため、公布年の入力は必須だ。

履歴と、入力された日付現在で施行されていた条文が表示されますが、それ以前については「日本法令索引」（国会図書館）のリンクが表示されるので、そちらに移って調べます。

④公布年月日……日付指定、期間を設定して検索することが可能です。

⑤分類……国税、労働、金融保険、河川など分類された関連法令のリンクが並びます。全法令、政省令、規則の分類での絞り込みも可能で、例えば「業法」と言われる、業種によって営業の自由を制限したり資格を設けている法令をもれなく調べたい時などに便利です。

■公布済み未施行の条文も表示

公布されて施行前の状態にある法令も検索可能です。改正法では現行法と改正後の条文が対照され、改正部分が色分けされます。

左カラムでは法令種別、法令の構造（対象構造）、ジャンルをチェックして絞り込める▲

「e-Gov 法令検索」の便利な機能を使いこなそう！

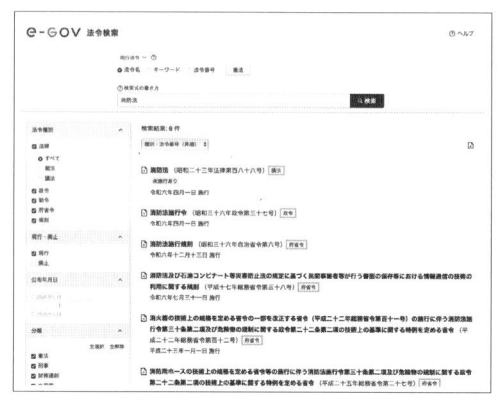

❶検索条件指定エリアに法令名を入力する。「消防法」と入力すると、法を運用するにあたって必要な規定や、より細部について決めている施行令や施行規則、そして消防法関連法令が検索される。

　実際に「e-Gov 法令検索」を使った検索を体験してみましょう。

■法令名／キーワード検索

　単語や検索式を入れて検索ボタンを押すと、左カラムに「詳細検索条件エリア」が表れ、より詳細な条件で絞り込めます。

①法令種別　法律では内閣提出・議員提出立法の種別。また、法律、政令、勅令、府省令、規則がチェックボックスにより絞り込むことができます。

②現行・廃止　現行法令、廃止法令がチェックボックスで選択できます。

③交付年月日　年月日を入力します。範囲指定をして検索することも可能です。

④分類　ジャンル別のチェックボックスにより絞り込みが可能です。いわゆる「業法」を検索するのに便利です。e-Gov 法令検索は、法律、制令、府省令、規則など詳細を下位法令に分担している構造がわかりやすいところにメリットがあります。

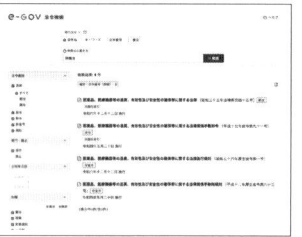

❷正式な法律名でなくても略称ならば法令名検索で検索可能。「医薬品、医療機器等の品質、有効性及び安全性の確保等に関する法律」は、一般的に広く使われている

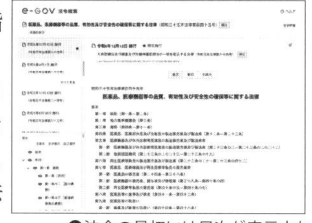

❸法令の最初には目次が表示されまた左カラムにはツリー（階層）構造で常に表示されている。

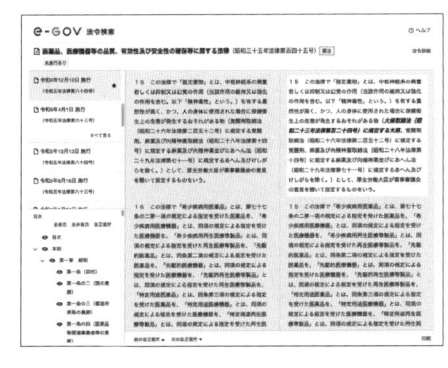

❹新旧法令　条文の冒頭に示される「新旧」ボタンを押すと改正された法令がある場合、改正部分の新旧条文が表示されて比較できる。改正された部分には、イエローのマーキングが施されている。

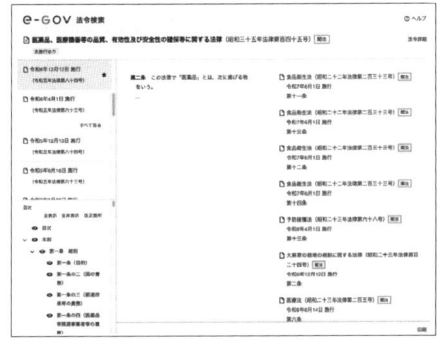

❺引用元　その条文が他の法令の条文に引用されている法令名と条文のリンクが示されます。その法律の施行や運用に関わる政令、府省令など「タテ」の関係と、他の法令の関連部分に広がる「ヨコ」の関係をつかむことができる。

■条文の引用、新旧法令も表示

　検索で表示された法令名をクリックすると、条文の内容が表示されます。条文内容を「新旧／引用元」で切り換えることで、改正前後の条文を比較したり、検索した法令の条文が引用されている法令がリストとリンクで表示され、法令の施行やその詳細を決めたり時代に合わせた改訂を行う政令、府省令のタテの関係と、その法令が別の法令・制令・府省令と関連するヨコの関係を確認できます。

　e-Gov法令検索に廃止法令の条文が収録されているのは2017（平成29）年以降のものなので「日本法令索引」（49ページ参照）や「法令データベース」（名古屋大学大学院法学研究科）で検索する方法があります。

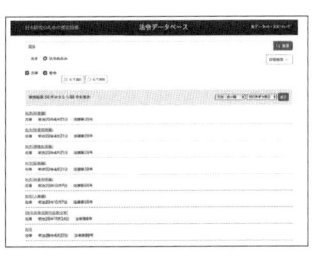

❻名古屋大学「法令データベース」は1886（明治19）〜2017（平成29）年に公布された法律と勅令を収録したデータベース。法律実務や研究のみならず、産業などの歴史研究において、その当時の法律による規制による制約を知ることなどにも役立てたいとの趣旨で作られている。

立法や改正の過程を
審議会や政党からウォッチする

●法令は常に移り変わる

　法令は生き物です。社会の要請に応じて、新しい法律が生まれ、次々と改正されていきます。法律実務家や、ある業種の基本的な事業要件を定める法律（いわゆる「業法」）の動向をチェックしなければならない企業法務の担当者は、これら関係法令の動向を常に気にしなければいけません。

■立法のルートは内閣立法と議員立法

　立法（新しく作られる法律と、現在有効な法律を改正するための「改正法」の双方を含みます）は、内閣が発議する内閣立法と、国会議員が法律案を発議する議員立法に分かれます。内閣立法の多くは、法律を所管し専門性を持つ各省庁が起こした案をもとに内閣法制局が法案をまとめるものです。議員立法は国会議員による立法で、近年議員の立法能力も高まっており、その数が増えています。

■法案ができる前の立法動向を知るには

　重要な法律の新設・改正については、法務省の法制審議会が各分野の専門家や代表を集めて審議する制度があります。ウェブページでは議事録や審議の資料、大規模な法改正では議論の節目でその内容を公開する「中間とりまとめ」などがあり、ここから議論の動向を追うことができます。

　各省庁でも管轄の法令について審議会・研究会が行われており、審議会と同様にwebページには議事録などが掲載されます。審議会等は基本的に傍聴も可能で、議

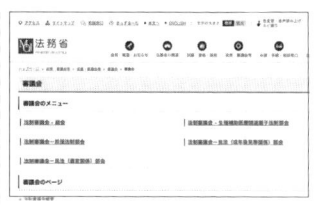

法制審議会のページ（法務省のページ内）。議事録や現在審議されている内容、委員名簿などがまとめられている。トップ＞政策・審議会等＞省議・審議会等＞審議会

各省庁のページで、管轄の立法に関する情報を見ることができる。
厚生労働省トップ＞政策について＞審議会・研究会等

総務省「電子政府の総合窓口（e-Gov）」では「パブリックコメント」を募集中、結果公示などの段階やテーマ、所属府省別に一覧でき、キーワード検索することも可能。

論の動向をリアルタイムに把握できます。

　また、政・省令など命令類の制定や改正にあたっては、改正案の概要が一般に公開され、意見を伝えることができる「パブリックコメント」の制度があります。総務省の「e-Gov」では、トップページからパブリックコメントの一覧が表示され、命令の案（改正案）、意見募集の概要、提出の方法、結果について公開されています。

■法案はどこで見られる？

　このようにして練られた後に国会に提出された法案は、ウェブ上の衆議院トップページの「議案」に公開されます。このページには国会ごとに、衆議院議員提出法案（衆法）だけでなく、参議院議員提出法案（参法）、内閣提出法案（閣法）の内容と審議経過（その内容は次項で詳しく解説します）もまとめられており、非常に有用です。

　内閣法制局ウェブページには、内閣提出法案の一覧と担当省庁名が載せられています。議員立法の法案は政党のホームページに掲載され、また、立法に中心的な役割を果たしている議員のウェブページにも掲載されることがあります。リアルタイムなレポートをする議員もおり、有用な資料です。

■法改正にともなう政・省令改正も要注意

　国会審議の過程では法案への修正がよくあるので、成立・公布された条文の確認は必須です。また、成立した「業法」の細部は管轄省庁の省令に規定されることが多く、こちらの改正動向にも注意する必要があります。

立憲民主党ウェブページでは、「政策」ページのニュース扱いで議員立法の動向が掲載されている。政党による議員立法のウェブページ発信は退潮の傾向にあり、以前は議員立法のページが存在した自民党ウェブページからは削除されている（2025年2月現在）。

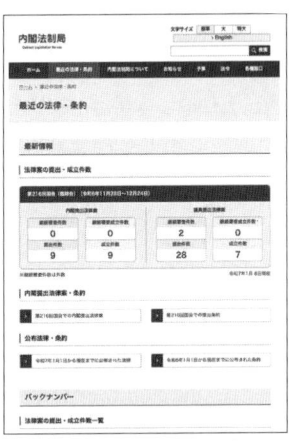

内閣法制局のウェブページ。内閣提出法律案・条約や最近公布された法律や条約の件名も表示されている。「法律ができるまで」という、内閣提出法律案作成までの手順や国会での審議の手続を紹介するコーナーは参考になる。

国会で、法案はどのように審議されているのか

●国会審議の経過

　法案が国会に提出されたのち、審議される過程を追ってみましょう。議員提出法案（議員立法）ならば法案を発議する議員が所属する院に提出され、内閣提出法案（閣法）は閣議決定後、スケジュールで先に審議する院に提出されます。

　国会ではまず委員会に付され、提出者から趣旨説明の後に審議されます。採決を経て(可決、修正可決、否決)、可決ののち本会議の審議に移り、委員会議長が報告ののち、審議を経て採決されます。これらの過程で、法律案の内容が修正される場合がしばしばあります。

　先議院で可決されると、後議院に送られ、同じように審査が行われます。後議院で可決成立すれば、法律として成立します。

　両議院の議決が異なる場合は、両院協議会が開かれて調整が図られますが、調整が成立しない場合には衆議院で出席議員の三分の二以上の再可決で成立します。

■成立しなかった法案はどうなる

　法案の賛否が分かれ、国会の会期中に可決に至らない場合や、解散などの「政局」がらみで審議未了になる場合があります。その際には基本的に「廃案」となり、次の国会で再び法案を提出する必要がありますが、「閉会中審査」の手続によって、次の国会でそのまま審議を継続することができます。これを「継続審査」といいます。しかし、衆議院の解散総選挙が行われる場合は、継続審査の扱いはできず、すべて廃案となります。

衆議院開会中の、各委員会の議事の状況や会議録の情報がわかる。
トップ＞新着情報＞新着情報目次

参議院では「議案情報」ページにまとめられている。
トップ＞議案情報

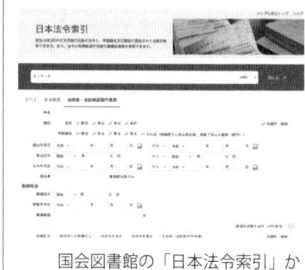

国会図書館の「日本法令索引」からも、国会の審議経過を詳しく追うことができる。

【国会審議の概要】

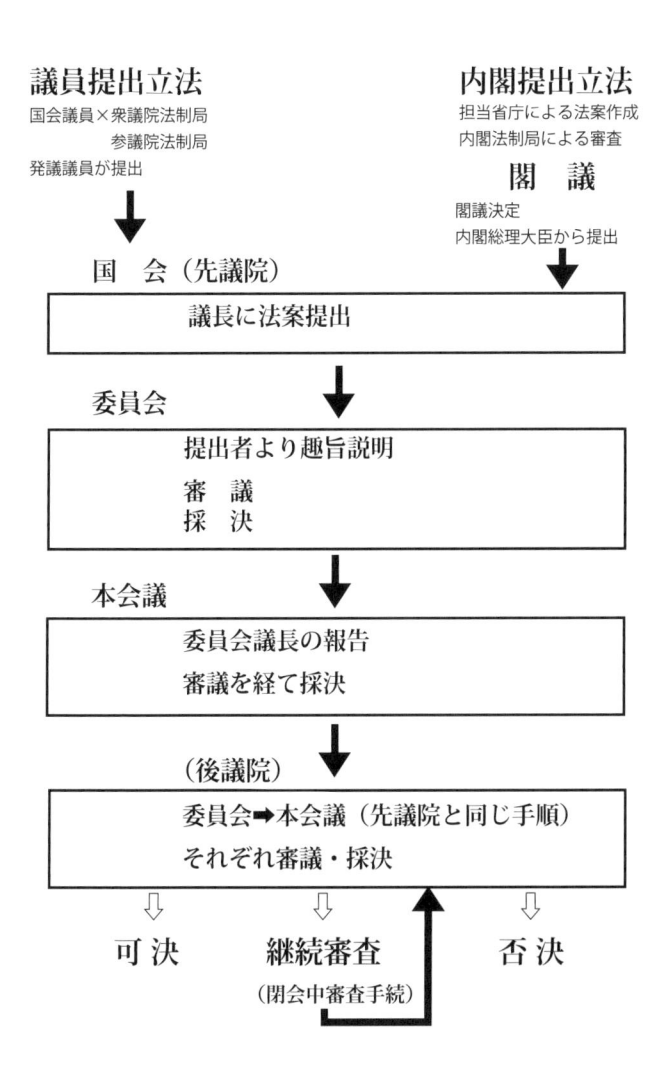

議員提出立法
国会議員×衆議院法制局
参議院法制局
発議議員が提出

内閣提出立法
担当省庁による法案作成
内閣法制局による審査

閣　議
閣議決定
内閣総理大臣から提出

国　会（先議院）

議長に法案提出

委員会

提出者より趣旨説明
審　議
採　決

本会議

委員会議長の報告
審議を経て採決

（後議院）

委員会➡本会議（先議院と同じ手順）
それぞれ審議・採決

可　決　　　継続審査　　　否　決
（閉会中審査手続）

新しい法律や法改正の公布は
「インターネット版官報」が標準に！

■新法令、改正法令は官報で「公布」される

国会で成立した法律は、公布のための閣議決定を経た上で国民に周知させるため30日以内に『官報』に載せられ、「公布」されます。このとき法律番号が付されます。

官報は法律、政令、条約等の公布をはじめ、国の機関としての諸報告や資料を公表するため国（国立印刷局）が発行する新聞で「国の広報紙」「国民の公告紙」と位置づけられます。

公布された法律は「施行（しこう）」されることで初めて効力が発生するため、その日付の確認が大切です。施行日は法律の附則に書かれるか、別に政令や別の法律に定められる場合もあります。特に記述のない場合には「法の適用に関する通則法」第2条に基づき、公布日から21日目からの施行となります。

■「インターネット版官報」掲載が公布の時

令和7（2025）年4月1日、「官報の発行に関する法律」が施行され、法令の公布時点は、国立印刷局の「インターネット版官報」に掲載され、閲覧者が見られる時点（実質的には公開時）と定められました。官報は法令の公布のほか、国会などの広報、政府調達や裁判所からの公告などが掲載されますが、直近90日分はすべての内容を、それ以前は法律・政令などの官報情報を平成15（2003）年7月15日まで遡って閲覧できます。なお、官報の内容を冊子体にまとめた『法令全書』は令和6年版をもって廃止されました。

■官報は「改め文」、e-Gov は「溶け込み条文」

法改正には全部改正と一部改正があります

官報の表紙。その日の記事の項目と、新法令が掲載されている場合は「本号で公布された法令のあらまし」として、法律の概要と管轄官庁名が表記されている。

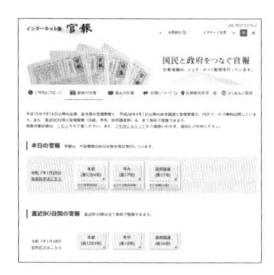

インターネット版官報は、データと紙版と同じ体裁の PDF 官報90日分を閲覧できる。官報には、法令の公布のほか、国会や官庁、皇室事項の報告、裁判所や地方公共団体に地方公共団体による告知や政府調達情報などが掲載される。

【刑法 12 条令和 4 年改正に見る、改正法の「改め文」（かいぶん）と条文への反映】

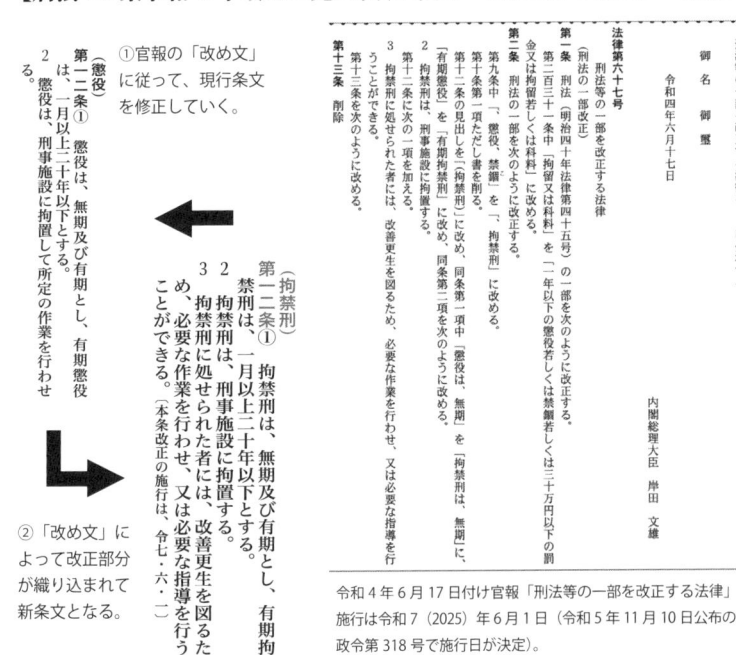

① 官報の「改め文」に従って、現行条文を修正していく。

（懲役）
第一二条①　懲役は、無期及び有期とし、有期懲役は、一月以上二十年以下とする。
②　懲役は、刑事施設に拘置して所定の作業を行わせる。

（拘禁刑）
第一二条①　拘禁刑は、無期及び有期とし、有期拘禁刑は、一月以上二十年以下とする。
②　拘禁刑は、刑事施設に拘置する。
③　拘禁刑に処せられた者には、改善更生を図るため、必要な作業を行わせ、又は必要な指導を行うことができる。〔本条改正の施行は、令七・六・二〕

② 「改め文」によって改正部分が織り込まれて新条文となる。

刑法等の一部を改正する法律をここに公布する。

御名　御璽

令和四年六月十七日

内閣総理大臣　岸田　文雄

法律第六十七号
刑法等の一部を改正する法律
〔刑法の一部改正〕
第一条　刑法（明治四十年法律第四十五号）の一部を次のように改正する。
金又は拘留若しくは科料」を「二年以下の懲役若しくは禁錮若しくは三十万円以下の罰金又は拘留若しくは科料」に改める。

第二条　刑法の一部を次のように改正する。
第九条中「、懲役、禁錮」を「、拘禁刑」に改める。
第二条の二第一項中「懲役又は」を「拘禁刑」に改める。
第十一条第二項中「懲役」を「拘禁刑」に改め、同条第一項中「懲役は、無期」を「拘禁刑は、無期に、」
第十二条第一項中「懲役」を「拘禁刑」に改め、同条第二項を次のように改める。
②　拘禁刑は、刑事施設に拘置する。
第十二条に次の一項を加える。
③　拘禁刑に処せられた者には、改善更生を図るため、必要な作業を行わせ、又は必要な指導を行うことができる。
第十三条　削除

令和 4 年 6 月 17 日付け官報「刑法等の一部を改正する法律」
施行は令和 7（2025）年 6 月 1 日（令和 5 年 11 月 10 日公布の政令第 318 号で施行日が決定）。

が、一部改正においては「○○法の一部を改正する法律」という形の「改正法」が国会審議を経て制定されます。

　「全部改正」の場合は官報に新条文が全て掲載されますが、通常の法改正で圧倒的に多い一部改正は、「現行法の『この部分』を、『△■』に置き換える」といった「改め文」（かいめぶん）による改正法が官報に掲載されます。これに従い現行法を読み替える作業が必要ですが、改め文はきわめてわかりにくいため、中央省庁の法制執務業務支援システム（e-LAWS）が運用開始後の 2017 年以降は、公布後すぐに改正部分を溶け込ませた（新しい条文と同じ）新条文が「e-Gov 法令検索」で見られるようになっています。

インターネット版官報では、平成 15 年 7 月 15 日以降の法令・政令などの公布など、官報情報の検索が可能。日付で検索するので、公布日を入力する。

判例は、法令と並んで
もうひとつの法規範をなす

■なぜ、判例を見る必要があるの？

　法的な問題点を、どのように判断すべきか、その根拠となるのが、「法源」です。わが国は成文法主義をとっていますので、基本的には憲法、法律など、つまり六法に載っている法令（成文法）が根拠なのですが、不文法と呼ばれる、条文になっていないものでも法源性が認められているものがあり、判例もそのひとつです。

　裁判の判決は、「判決書（はんけつがき）」という書面で交付されますが（一般に「判決文」というものです）、これらのうち、①最高裁判所の判決、②下級審の判決でも、今後の同様な判決に影響を与える先例性があると思われるものを「判例」と呼びます。実は、判例の定義ははっきりしておらず、狭い意味では①のみなのですが、通常は②も含めて考えられており、「判例雑誌」「判例つき六法」には、先例性のある下級審判決も載せられています。

■判例は何の役に立っているの？

　判例の役割は大きくふたつあります。ひとつは、法令通りの判断が蓄積されることで法的安定性が高まります。もう一つは、法が制定されて新しい法的概念が生まれたときの判断や、条文に書かれていない法解釈が争われる場合に、判例が事実上の法源とされる場合です。また、法律が憲法違反であるかどうかの最高裁判所の判断も判例となります。

■いろいろな裁判

　民事訴訟は、私人間で私法上の権利義務関

刑事裁判の判決文。普通の横書きワープロ文書だが、上部の「裁」の字をかたどったパンチングが判決文らしさをかもし出す。

判決文は主文と理由から構成され、両当事者（刑事裁判の場合は検察側と被告人側）の争点を整理し、両方の主張が併記された後、裁判所の見解が示される形式でほぼ統一されている。

〈判決文に書かれている要素の例〉
・主文（判決の結論）
・事実及び理由（民事裁判の場合）
　　請求の趣旨
　　事実の概要
・裁判所の判断
・理由　　　　　（刑事裁判の場合）
　　犯罪事実
　　証拠の標目
・事実認定の補足説明
・法令の適用
・量刑の理由

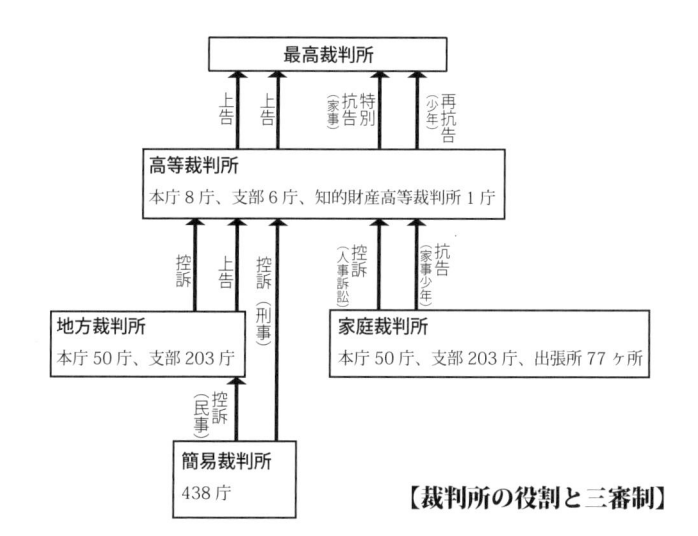

【裁判所の役割と三審制】

図中のラベル：

最高裁判所

高等裁判所
本庁8庁、支部6庁、知的財産高等裁判所1庁

地方裁判所
本庁50庁、支部203庁

家庭裁判所
本庁50庁、支部203庁、出張所77ヶ所

簡易裁判所
438庁

上告、上告、抗告（家事）特別、再抗告（少年）
控訴、上告、控訴（刑事）、控訴（人事訴訟）、抗告（家事少年）
控訴（民事）

係に争いがあるとき、裁判所が私法を適用して解決する裁判です。行政機関が相手方の訴訟は、特に行政訴訟と呼ばれます。

刑事訴訟は、犯罪を犯した疑いで起訴された人（被告人）が、本当に犯罪を犯したかを証拠に基づき判断し（事実認定）、有罪ならば刑罰を判断します（量刑）。

裁判員制度は、有権者名簿からくじで選ばれた裁判員が裁判官とともに事実認定と量刑を行うものですが、その対象とされる事件は①死刑又は無期の拘禁刑に当たる罪に関する事件、②法定合議事件（裁判官の合議体で裁判することが必要とされている重大事件）で故意の犯罪行為により被害者を死亡させた罪に関する事件が対象です。

以上の裁判は地方裁判所を一審として行われますが、訴訟額が140万円以下の裁判は簡易裁判所、家族・相続に関する調停や審判、離婚や認知などに関わる人事訴訟と少年事件の審判は家庭裁判所で行われます。

判決を探したり引用する際に使われる略称

判決の種類
判決：判、決定：決、命令：命
裁判所の略称
最高裁大法廷：最大
小法廷：最一小〜最三小、あるいは「最判」で統一。
下級審は、裁判所名の地名の次に以下の略称をつける。
高裁：高、地裁：地、簡裁：簡、家裁：家

〈判例集の出典入り表記の例〉
最大判平成25.9.4民集67巻6号1320頁
東京高判平成29.3.21高民70巻1号10頁
東京簡判平成16.11.29 D1-Law.com28100407

わが国の判例は、さまざまなところに点在している

■成文法主義の日本でも判例は「法源」

　まず判例に法源性を認める「判例法」を採る国々、たとえばイギリスやアメリカなどでは、先例性のある判例を体系的に集めた判例集が整備されており、特にアメリカでは全ての判決文が裁判所から公開されています。

　日本でも判例は重要な法源として機能していますが、判例の公開は十分行われているとは言えません。公開される判決は少なく恣意的で、さらに公開される媒体も分散しており、しかもアナログとデジタルが混在して非常に探しにくいのが現状です。本書では、公式判例集を中心に、ごく簡単に判例集と判例の探し方について解説します。

■最高裁判所判例集（冊子体・ウェブ）

　月1冊刊行される公式判例集です。中は民事と刑事に分かれており、

　　最高裁判所民事判例集（民集）

　　最高裁判所刑事判例集（刑集）

　と、それぞれ別の呼び名を持っています。また、裁判所 HP の「裁判例情報」からも閲覧することが可能です。（☞ 64 ページ）

■高等裁判所判例集（冊子体→ウェブ）

　民事・刑事の判例を収録。2002 年に冊子体の刊行を中止、現在は裁判所 HP の「裁判例情報」から閲覧可能です。

■家庭裁判月報（冊子体・休刊）

　家裁で扱われる家事審判・裁判例を 65 年にわたり掲載してきましたが、2014 年休刊。翌年創刊された『家庭の法と裁判』（日本加除出版）が後継誌の役割を担っています。

紙の最高裁判所判例集。裁判所唯一の「公式判例集」である（下段は民事判例集の1ページ）。一冊に民事判例集・刑事判例集が同居している。唯一の公式判例集だが掲載判例は少なく、掲載までの期間は半年〜一年と長い。

最高裁調査官による最高裁判例解説「時の判例」が掲載されている、法律雑誌『ジュリスト』。

■民間の出版社による判例雑誌

『判例時報』（判時・判例時報社）

『判例タイムズ』（タイムズ・判例タイムズ社）の2誌が、公式判例集に収録されなかった判例や、下級審判例を収録する雑誌として利用されてきました。

■民間の出版社による法律雑誌

『旬刊金融法務事情』（金融財政事情研究会）などの専門法律雑誌が、専門分野の最新判例を掲載しています。また、判例そのものではありませんが、『ジュリスト』（有斐閣）の「時の判例」には、最高裁判事を補佐する職務の最高裁調査官による解説が掲載されており、他の法律雑誌でも、学者による判例解説が掲載されています。企業・金融法務の『NBL』（商事法務）、『季刊労働法』（労働開発研究会）などにも、専門分野に特化された判例解説が掲載されています。

■法令データベースの判例集

　法令データベースでも判例登録は充実しており、過去の判例については判例雑誌のデータベースを使い、新しく出た判決の判決文については自社で判決文を入手して弁護士や学者の解説をつけて公開するようになり、民間の判例集としてはいちばん速く判例が公開されるようになりました。弁護士など実務家の判例検索の主流になっており、大学では法学部や法科大学院、あるいは大学図書館などでの利用、一般向けには国会図書館や一部公共図書館で無料で使えるところがあります。

☞
民間の判例雑誌、『判例時報』と『判例タイムズ』。下級審判例を探すときに必須の存在。

☞
企業法務・商事関係専門誌。トピック的な判例解説が紹介されるほか、法制審議会での審議がレポートされることもある。

無料かつ最大の判例データベース、「裁判例情報」を使いこなす

■日本最大の判例データベース

　裁判所 HP の「裁判例情報」は、最高裁判例から下級審判例、そして専門性の高い分野の判例が網羅されたものです。

　・最高裁判所判例集
　・高等裁判所判例集
　・下級裁判所裁判例速報
　・行政事件裁判例集
　・労働事件裁判例集
　・知的財産裁判例集

の６本が収録されており、早ければ判決や決定の翌日から翌々日には掲載されます。

■各裁判所から送られた判決を掲載

　これら判例集は、各裁判所が掲載するにふさわしいと決定した判決文を、サイトを管理する最高裁に送信、原告・被告などの当事者が個人の場合には仮名処理を行って掲載されます。法人の場合には刑事事件では仮名ですが、民事事件では実名で掲載されています。

■不明確な「裁判例情報」の位置づけ

　最高裁判所判例集は冊子体の判例集と同名であり、また高等裁判所判例集のように冊子体の休刊を引き継いだ形のものもあり、公式判例集のような位置づけに見えます。

　ただし、収録判例の基準やその選定については明らかにされてきませんでした。医療過誤事件や知財など、重要性が高いと思われるテーマについては、全件判決文を掲載するよう指示が出ているなどという、断片的な情報があったのみでした。また、裁判の当事者からの抗議を受けて、一度掲載された判決文が

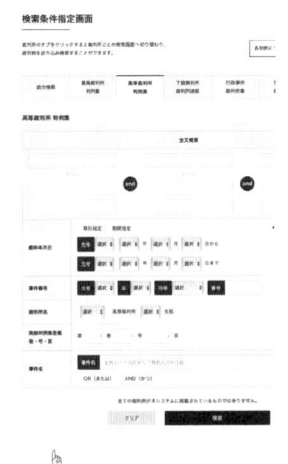

高裁判例集の検索画面。裁判所（支部）名、事件名、事件番号、判決日などで検索できるほか、高裁判例集掲載情報からも検索することができる。

知的財産例判例検索画面。裁判所名、事件番号、判決期日のほか、訴訟の対象になる権利の種別のラジオボタンをチェックして検索できる。

【裁判例検索をつかう】

裁判例検索のトップ画面。「統合検索」では、全ての裁判例を対象にした検索ができる。ジャンル別のタブでは、ジャンルごとの性質に応じたチェックボックスが用意され、絞り込みを可能にするなど、利便性に配慮されている。

「最高裁判例」から、民法 900 条の改正（平成 25 年改正）につながった〈相続分の婚外子差別は違憲〉判決を検索してみよう。事件番号、判決日、小法廷・大法廷の種別、事件名（「○○事件」のような、いわゆる著名事件ではなく、裁判所でつけられる事件名）、原審裁判所、さらに全文検索や判示事項、裁判要旨からの検索が可能。判決期日を入力して検索してみる。

該当判例が 1 件検索できた。

「全文」のアイコンをクリックすると PDF ファイルで判決全文のダウンロードができた。原告などの氏名についてはプライバシー処理がほどこされている。

削除されるという事象も複数確認されており、過去の判決を集積することで、将来の裁判の予測可能性を高める、判例のもつ「先例性」からすると、疑問の残る対応です。

2017 年 2 月、最高裁は「下級裁判所判例集」を「下級裁判所裁判例速報」にタイトルを変更し、同時に各裁判所に対して掲載基準の事務連絡を発しました。この内容が明らかになりました*ので紹介します。

■下級裁判所裁判例速報の掲載基準

最高裁が指示した掲載の基準は、①判決言い渡しの翌々日前に、朝日、毎日、読売、日経のうち 2 紙に判決の記事が掲載されたもの、②これ以外でも、社会的な影響に鑑みて、広く情報提供をすることがふさわしいと特に認められるもの、となっており、いわゆる「著名事件」優先の姿勢が伺えます。

一方で①②の条件を満たすものであっても、公開停止や秘密保護のための閲覧等の制限の申し立てがされた判決書**の他に、民事の性犯罪や DV 事件などの損害賠償訴訟で、公開が当事者等に回復困難な被害を与える事件、そして刑事事件では性犯罪や犯行態様が凄惨な殺人事件など、被害者・遺族などの関係者に大きな精神的被害を与えるものが掲載しない対象に挙げられています。

プライバシーや被害者保護の面からは必要な措置である一方、2017 年には刑法の強姦罪が改正され、罪となる行為の概念が変わるなど大きな変更が行われることもあるため、何が罪に当たるかという裁判所の判断は、社会全体にとっての重要性が増しています。しかし一方で、最高裁は「下級裁判所裁判例速報」について、今後も事後の削除はありうるとしており、それで法的安定性が確保できるのか、判例は国民のものではないかという問題も含め、議論が必要なところです。

*『FACTA』2018 年 2 月号

** 日本国憲法 82 条 2 項は、裁判所が裁判官全員一致で公の秩序又は善良の風俗を害するおそれがあると決した場合には裁判を公開しないことができると規定しており、この裁判の判決文が非公開の対象になるという意味。

また、民事訴訟法 92 条 1 項で、秘密保護のための閲覧制限が申し立てられ、制限を認める判決が出た事件も、非公開とし、部分的な閲覧制限が決定した場合は、その部分を公開しないとしている。

このほかにも、刑事訴訟手続上の決定、人事訴訟手続上の決定については掲載しない原則としている。また、非訴事件の決定は掲載しないが、決定の翌々日まで新聞 2 紙に掲載され、かつ、社会的な影響など広く情報提供することがふさわしいものについては掲載、刑事の再審請求事件の決定については、決定告知日の翌々日までに新聞 2 紙に掲載されたものを掲載対象としている。

第4章
『デイリー六法』
レジェンド編修委員の
「この一条、こう読む」

『デイリー六法』が創刊されたのは1991年。
「新しい法学教育のための六法を！」
そう意気込んでの創刊から30年あまり。
創刊当時の「レジェンド編修委員」に、
一条の条文を選んで、縦横に語っていただきます。

日本国憲法 89 条──

条文の流れと思想の流れ、その両方を見よう

京都大学名誉教授

大石　眞

■分かれた川の流れは、再びひとつに

「瀬を早み　岩にせかるる　滝川の
　　　　われても末に　逢はむとぞ思ふ」

崇徳院（77 番）『詞花集』恋・228

　この和歌は、「川の流れのように、別れてもまた一緒になりますよ」という、百人一首にも入っている有名な愛の歌です。

　愛とは関係ありませんが、日本国憲法 89 条も、実はこの歌と通い合うところがあります。「又は」「若しくは」「又は」と接続詞を重ねることで、主語＋述語関係が二股に分かれ、再び合流するという条文の構造、この歌と似ているでしょう？

　このような条文を読むときには、文がどこで切られているのかを意識しながら、きちんと読まなければなりません。

　　第 89 条［公金支出・公的財産供用の禁止］　公金その他の公の財
　　　産は、宗教上の組織若しくは団体の使用、便益若しくは維持の
　　　ため、又は公の支配に属しない慈善、教育若しくは博愛の事業
　　　に対し、これを支出し、又はその利用に供してはならない。

この条文は、憲法の基本原則の一つである政教分離（20条）を、宗教上の組織や団体に対する公金支出と公的財産供用の禁止という具体的な行為として実体化したものです。

　公金支出の是非が裁判の争点になることがよくありますが、89条で公金の支出が禁止されている対象は、大きく2つの「流れ」に分かれています。前段は「宗教上の組織若しくは団体の使用、便益若しくは維持のため」にする支出を禁止するもので、これは政教分離原則そのものの考え方なので妥当な規定です。しかし、後段の「公の支配に属しない慈善、教育、博愛の事業」は問題です。というのも、ここに挙げられている「慈善、教育、博愛の事業」自体は、否定されるべき価値ではありませんし、国としてはむしろ積極的に支援すべきものとも考えられるからです。したがって、憲法が禁止する二つの流れは、それぞれ性格の違うことがらを扱っていますが、最後に1本にまとまったのちに「してはならない」と全面的に否定されているのです。二つの流れの趣旨は同じだと言う人もいますが、私は違うと思っています。憲法89条には、そういう、条文として〈ひっかかる〉面白さがあります。

■政教分離は何を守っているのか

　政教分離とはそもそも何なのでしょうか。日本にいると当たり前のように思われますが、政教分離の体制をとっている国は、アメリカ、フランス、日本ぐらいで、実は多くありません。ヨーロッパ諸国の多くは国教制度か公認宗教体制を採用していて、特定の宗教あるいは複数の宗教を国として認めて、補助金を出したりしています。

　フランスには、憲法では短く、法律では詳細な政教分離の規定がありますが、フランス革命後、カトリックを事実上の国教とする公認宗教体制に移行し、さらに1905年末から現在の政教分離制度に移行しました。

「条文を分解して比較する。
多様な法思想や文化に
どこまで迫れるか」

　パリには、古い教会がたくさんあります。1905 年に公認宗教体制から政教分離制度に移る際、大聖堂などの大きな教会は国有化され、地方の教会は地方自治体の所有とされましたが、政教分離制度の下でもカトリック・プロテスタントなどの信者に無償で貸し出されているのです。「信者が信仰の実践をする場所がなくなってしまうのはまずい」からです。そこには、「信教の自由は、憲法上保障されなければならない最大の価値である」という考え方があるのです。

　まず、信教の自由という国家が国民のために実現すべき価値があり、そのために政教分離の原則がある、という順番なのです。この二つの価値が衝突した場合はどうするか。政教分離のほうを下げるというのがフランス憲法の考え方で、両者の利害の調整の結果、無償貸与という形になっているのです。

　では、政教分離を厳密に適用している日本では、問題はないの

でしょうか。たとえば東日本大震災のとき、一時的な遺体安置所となった寺に、宗教施設であるという理由で、自治体が何も援助をしなかったという問題が起こりました。日本人は、どうしても条文を杓子定規に考えるくせがあります。原則を通そうとすると、必ず利害対立が起きますが、本来は幾つかの原則を両立させる知恵が必要なのではないでしょうか。近年の裁判では、これらの価値を調整しようとする動きが出ています。神社の敷地が公有地であることが問題とされた「砂川訴訟」平成22年1月20日最高裁大法廷判決（民集64巻1号128頁）の2判決は、実質的な考慮を行い、複数の対立する価値の利害調整を図ったものとして評価できます。

■比較法は、自国の法思想を浮かび上がらせる

　他の国の法律をそれぞれ比較し、条文や概念、法思想を浮き彫りにする学問を比較法といいます。通常、二カ国、三カ国の法律を比べますが、単に「どこが違う」「この国は何回憲法改正した」という話ではなく、「どこに共通点があり、どこに違いがあるか」を見つけることこそが大切です。

　たとえば、欧米の憲法の内容を分解して読解し比べることで、支えている法思想や文化は何なのかをつかみ、日本の法文化、法意識、法体系と突き合わせることにより、欧米だけでなく日本法を支える背景にどれだけ迫れるのかが大切です。自分たちの法意識や法文化が、他の国では違う。多様性を知ることで、あなたの世界はうんと広がる。比較法学が教えてくれるのはそのことです。

　法律学の営みの大部分は、一つの条文から普遍的な原則を抜き出すことだと言っていいでしょう。しかしその裏には、複雑な川の流れがあるということを忘れてはいけません。その流れをたどると、法文化の景色が広がってくるのが見えてきます。それが法学の醍醐味でもあるのです。

民法 177 条、電子消費者契約に関する民法の特例に
関する法律 3 条——

条文を読むことは、
自らの理解の深さを知ること

早稲田大学名誉教授

鎌田　薫

■折りに触れて、条文を読もう

　「条文を読む」ことは、初学者にとっても学習が進んだ人にとっ
ても、とても大事なことです。法律の世界に慣れるほどに六法を
見なくなることが多いようですが、学びが進んだ段階で条文を読
むと、改めて新しい発見があるものです。折りに触れて、六法に
接することをお勧めします。

　177 条は、民法の中で最も重要な条文のひとつです。物権法の
教科書でも、最初の方でしっかりと扱われていて、みんな 177 条
は重要な条文だとわかってはいるのだけれど、条文そのものはあ
まり読んでいないのではないか、と思います。

　そこに、理解の落とし穴があるかもしれません。

　　（不動産に関する物権の変動の対抗要件）
　　第 177 条　不動産に関する物権の得喪及び変更は、不動産登記法
　　　（平成十六年法律第百二十三号）その他の登記に関する法律の定
　　　めるところに従いその登記をしなければ、第三者に対抗するこ
　　　とができない。

【設例】

　甲不動産を買った A が B に対して、A が所有権を取得したと
いう登記をするように頼んだところ、B は、勝手に B 名義に登記

してしまった。Cは登記簿に「B所有」と書かれているのを信用して、Bから甲不動産を購入して「C所有」と登記した。

　177条の条文を素直に読んで、この設例で、AはCに甲不動産はAの所有だと主張できるか、それとも登記したCは、Aに「自分の所有だ」と主張できるのか、考えてみましょう。

　前条の176条を読むと、不動産の買い手は登記をしていなくても、意思表示だけで所有権を取得できると書いてありますが、177条は、登記をしなければ所有権取得を第三者に対抗できないとあります。一般にも、登記をしないと自分のものにならないとか、「権利証」がなくなると所有権までなくなってしまうと考えている人も少なくありません。よくよく考えると難しい条文です。

■所有権はどうして得られるのか

　民法は、大きく分けて「取引関係の法」と、「家族関係の法」で成り立っています。

　取引関係で一番重要な制度は売買です。売買は、日常、ひんぱんに行う最も身近な契約であると同時に、資本主義経済を成り立たせている大変重要な行為でもあります。

　不動産の売買では、両当事者はどんなことを望んで契約を結ぶのでしょうか。売主は不動産を売ってお金を手に入れたい、買主はお金を払ってその不動産を手に入れたい。そこで、買主の一番重要な売買の目的は「その不動産の所有権を確実に自分のものにする」、ということになります。

　ところが、民法の売買に関する章（555条など・民法第3編債権、第2章契約、第3節売買、第1款総則）には、「どうやって、いつ所有権が売主から買主に移転するか」は書かれていません。まったく違うジャンルである物権編（第2編物権、第1章総則）の中に先ほどの176条がある。これが現行民法の採用している体系の特色です。なぜそうなっているかを考えてみましょう。

　不動産を手に入れる手段は、売買だけではありません。売買と並んで多いのは相続です。贈与されることもあるし、時効で取得することもある。不動産を取得するという同じことが、民法では

相続は相続編、贈与は債権編、時効は民法総則、と分かれて規定されているのです。

　物権法では、177条がどんな原因で所有権を取得したかといった限定をつけずに「不動産に関する物権の得喪及び変更は」、登記をしなければ第三者に対抗できないと規定しています。さまざまな原因、民法のさまざまな制度による不動産の取得が、登記という形で177条に集まってくる。同条は「扇の要」のような条文だといっても過言ではないでしょう。これを、動産についての物権譲渡を規定している178条と比べてみると、その違いがわかります。178条には「動産に関する物権の譲渡は」とあります。

　法律は、人によって言葉の解釈の意味が違うとたちまち紛争になるので、厳密に概念が定められています。177条は「得喪及び変更」と規定し、178条は「譲渡」と定めているのですから、両者は明らかに違う意味で使われ、適用範囲が異なっているのです。こうした違いに敏感になって、「なぜ違うのか」を考えてみることが、法律を理解するポイントです。

　今度は、176条について考えてみましょう。

　（物権の設定及び移転）
　第176条　物権の設定及び移転は、当事者の意思表示のみによって、その効力を生ずる。

　176条の対象は動産とも不動産とも書かれていませんので、両方が対象であることは明らかです。では、177条は、176条を前提に「意思表示による物権変動だけに適用される条文」として設けられているのでしょうか？

　そうとも考えられますが、不動産の所有権が移転する原因については、先ほど説明したように相続や時効など意思表示によらずに所有権が移る場合もあります。死ぬと当然に相続人に所有権が移転しますし、時効は時が来れば移転します。177条は、176条の適用範囲でない所有権の取得に対しても適用されるのか。これも重要な解釈問題のひとつとなっていて、現在の判例は、幅広くすべての物権変動に適用されるものと考えています。

「条文の目的を考えつつ、妥当な結論の構成を導く。それが、解釈という営みです」

　さて、176条は、「意思表示によって所有権が移転する」と規定していますが、契約を成立させるためにも意思表示が必要です。その意思表示と、176条でいう「意思表示」は同じでしょうか。仮に同じだとすると、売買契約を結ぶための意思表示によって所有権が移るということになります。もし違うとしたら、売買を成立させる意思表示とは違う意思表示が必要であり、その意思表示をした時に所有権が移るということになります。

　どちらにしろ、意思表示のみで所有権は移るのです。「登記しないと不動産の所有権が得られない」と思われがちですが、実は登記をしなくても所有権は取得できるのです。

　177条は「不動産に関する物権の得喪及び変更は」としているのですから、「不動産所有権を取得した後に、登記をしないと第三者に対抗できない」と書いてあるだけなのです。裏を返せば、

所有権を取得していないのに登記をしても、対抗すべき物権の得喪・変更がないのですから、177条を適用することはできません。また、「登記をすれば所有権が取得できる」とも書かれていないのですから、所有権を取得していない人が登記をしても、所有権が生まれないのです。このような状態をとらえて「日本の登記には公信力がない」といわれているのです。

■第三者に対抗できるのは誰なのか

次に、「対抗する」とはどういうことか、という問題を考えてみましょう。

「対抗する」という言葉は民法にたくさん出てきますが、権利の変動や一定の法的な事柄が発生したことを前提に、そのことを第三者に向かって積極的に主張することを指していています。

所有権の取得自体は、176条の意思表示や、相続や時効による取得などさまざまな原因で生じます。しかし、そうした所有権取得も、登記しなければ第三者に向かって積極的に主張することはできません。ただし、無効とは違いますから、第三者の側から所有権取得を認めることは可能です。

冒頭の設例で考えてみましょう。

初学者や、一般の人は「登記しているからCのもの」「本当の所有権のありかを知らなかったCを保護しなければならない」と考えるかもしれません。

既に説明したように、177条は「不動産の得喪及び変更は、登記しなければ第三者に対抗できない」と述べています。Bは正当な所有権者ではありませんし、無権利者Bから甲不動産を買ったCも当然には所有権を取得できません。不動産を実際に取得していなければ、登記をしたところで、対抗すべき「不動産の得喪及び変更」はありえません。Cは登記をしているからといって、177条を使って甲不動産の所有者になることはできないのです。

それが、条文を読んで素直に出てくる結論です。「Cを保護しなければならない」というのは健全な考え方ですが、これは177条の定める「対抗」の問題ではなく、「所有権のない人から不動

産を取得できるための特別の制度があるか」という問題です。

　先ほど述べたように「日本の登記には公信力はない」のですから、177 条以外に根拠を探さなければなりません。

　一方、A は登記をしていません。C に向かって「自分が所有者だ」と、どうして言えるでしょうか？

　177 条をそのまま読むと難しそうです。しかし、そうなると勝手に他人の不動産の登記名義を書き換えてしまえば、所有権に基づく主張を封ずることができることになり、不公正な結果が生じます。そのために、177 条の定める「第三者」の範囲に、不法行為者 B や無権利者 C が含まれているかどうかを考える必要が生じてきます。これが「登記がなければ対抗できない第三者の範囲」という問題です。

　条文を基礎にしながら、その条文が何を目的として定められたのかを考えつつ、妥当な結論を導くための構成を考える。これが「解釈」の役割です。

　いずれにしろ、教科書で書かれていることの大部分は、条文をじっくりと読み込むと素直に理解することができます。独りよがりな思い込みや勘違いを再確認できることも、条文を読む大きなメリットです。

■社会・技術の進歩に対応する立法——電子消費者契約法

　こんどは、立法、すなわち「条文を作る」という角度から、面白い規定を紹介しましょう。

　『デイリー六法』には、「電子消費者契約に関する民法の特例に関する法律」（制定時には「電子消費者契約及び電子承諾通知に関する民法の特例に関する法律」という長い題名でした）が収録されています。しかし、条文は全部で 3 条しかありません。

　この法律は、電子消費者契約、すなわちインターネット上での画面を介した契約の錯誤について扱っています。

　民法 95 条 3 項 1 号は、「錯誤に陥った人に重大な過失がある場合は意思表示の取消しができない」と規定しています。インターネットを通じた契約が一般的になってきた頃、わざと誤操作を招いて、画面上のボタンを押すだけで契約が成立したとして、詐欺

（電子消費者契約に関する民法 の特例）

第３条　民法第95条第３項の規定は、消費者が行う電子消費者契約の申込み又はその承諾の意思表示について、その意思表示が同条第１項第１号に掲げる錯誤に基づくものであって、その錯誤が法律行為の目的及び取引上の社会通念に照らして重要なものであり、かつ、次のいずれかに該当するときは、適用しない。ただし、当該電子消費者契約の相手方である事業者（その委託を受けた者を含む。以下同じ。）が、当該申込み又はその承諾の意思表示に際して、電磁的方法によりその映像面を介して、その消費者の申込み若しくはその承諾の意思表示を行う意思の有無について確認を求める措置を講じた場合又はその消費者から当該事業者に対して当該措置を講ずる必要がない旨の意思の表明があった場合は、この限りでない。

一　消費者がその使用する電子計算機を用いて送信した時に当該事業者との間で電子消費者契約の申込み又はその承諾の意思表示を行う意思がなかったとき。

二　消費者がその使用する電子計算機を用いて送信した時に当該電子消費者契約の申込み又はその承諾の意思表示と異なる内容の意思表示を行う意思があったとき。

的な請求をする事件が多くありました。一般の取引でも、間違ってクリックをしたために契約が成立してしまったという問題が生じました。「契約を成立させようとする意思がないので、錯誤であり無効だ」と消費者側が主張するのに対し、「注意書きを見ないでクリックしたのだから重大な過失がある」と業者側が反論する紛争がたくさん起こり、社会問題となりました。

　これを何とかしなければなりません。

　そこで、説明をしっかり画面上に書かせ、利用者に「同意します」というボタンを押させた上で契約の申し込み手続に進むようにすることで、誤認による契約成立を避けるとともに、こうした対策をとらない画面からの申込みについては、業者による「重大な過失」の主張を許さないという方法が考えられました。こうすれば、紛争が起きた後で錯誤主張の可否を争わなくてすみます。「こんな錯誤は無効」という法律を作るよりも、「条件をしっかり整備するならば、錯誤無効の主張を恐れずに取引はできますよ」とし

たほうが、消費者保護を広げると同時に、業者に適切な販売方法を促すこともできます。

■特別法には、ターゲットを絞る立法技術が必要

　一般に、法律は「紛争が起きた場合、こうなりますよ」と決めていることが多いのですが、消費者が司法的にどのような救済が受けられるかを考えると、事件が起きた後に訴えを起こし、勝訴して初めて、その消費者のみが救済されることになります*。そのような現状を考えると、「紛争が起きないような条文づくりをして、紛争を起こさせないようにする」、「紛争解決のために一度も条文を使わない」、というのが、一番よくできた法律なのではないでしょうか。そのためには、ターゲットになるものだけに適用させ、そうでないものには適用にならない立法的な技術が必要になります。実は、第3条がこれだけ長い条文になっているのは、それが理由なのです。

では、条文の内容を読み解いていきましょう。まず、一号（申込みを送信したときに申込みまたは承諾の意思表示をする意思がなかった）、または二号（申込み、承諾の意思表示と異なる内容の意思表示を行う意思があった）に該当するときにの

（錯誤）
第九五条①　意思表示は、次に掲げる錯誤に基づくものであって、その錯誤が法律行為の目的及び取引上の社会通念に照らして重要なものであるときは、取り消すことができる。
一　意思表示に対応する意思を欠く錯誤
二　表意者が法律行為の基礎とした事情についてその認識が真実に反する錯誤

2　前項第二号の規定による意思表示の取消しは、その事情が法律行為の基礎とされていることが表示されていたときに限り、することができる。

3　錯誤が表意者の重大な過失によるものであった場合には、次に掲げる場合を除き、第一項の規定による意思表示の取消しをすることができない。
一　相手方が表意者に錯誤があることを知り、又は重大な過失によって知らなかったとき。
二　相手方が表意者と同一の錯誤に陥っていたとき。

4　第一項の規定による意思表示の取消しは、善意でかつ過失がない第三者に対抗することができない。

み、消費者に重大な過失があったとしても錯誤無効を主張できるとして、商品の性質などに関する錯誤は従来通り民法95条の適用対象になることを示すとともに、本条の適用対象を、誤操作による紛争に限定しています。続いてただし書では、事業者が消費者の意思確認の有無を確認させるような措置を講じれば、95条ただし書を適用させて意思表示は有効とすることで、業者も消費

者も安心して電子消費者契約ができます。複雑な条文ですが、立法技術的には非常に優れています。事業者に一定のウェブページ構築をさせることで、そもそも民法の目的である「取引の促進」を確保し、同時に紛争防止と健全な取引の奨励が達成されているのです。

『デイリー六法』では、民法95条の参照条文として示されていますので、ぜひ確認してみてください。

■民法制定121年後に実現した債権法改正

民法の債権法改正案は、さまざまな議論を経て平成29年第193通常国会で可決され、2020年4月1日に施行されました。

民法制定以来100年以上を経て、その間、社会は大きく変化し、判例・学説も集積して条文と現実の運用の間に乖離の生じた部分もありますので、改正は不可避でした。

しかし、民法改正の作業で難しかったことの一つは、適用範囲が非常に広いということです。いわゆる私法だけではなくて、行政法等の幅広い分野にまで影響は及びます。民法は制定されてから120年近い歴史があって、いまも生きて動いているものなので、どれだけ既存の実務や他の分野の法解釈に悪影響を与えずに、明確でわかりやすい法的根拠を与えるかが課題でした。

法律専門家の立場に立つと、現行民法はかなりよくできていると言えます。判例や学説の積み重ねで、「A、B、Cの条件が整えばXという効果が生まれる」という、要件と効果の関係も大変精緻なものになっている。現行民法の採用する、いわゆる「パンデクテン体系」も、思考経済的には大変効率的で精緻なものですが、しかし抽象度の高い規定が多く、市民に親しみやすく分かりやすい規定となっているかというと、必ずしもそうとは言えません。

現代社会に適合的で、誰にでもわかりやすい民法をどのように作っていくべきかが債権法改正のむずかしさであり、また、チャレンジだったということができるでしょう。

* 平成28（2016）年に施行された「消費者の財産的被害の集団的な回復のための民事の裁判手続の特例に関する法律」(消費者裁判手続特例法) によって、

刑法 230 条の 2 ——
条文の本質を
つきつめることの大切さ

上智大学名誉教授

町野　朔

■付け加えられた条文が巻き起こした論争は何だったのか

　刑法 230 条は名誉毀損罪について規定していますが、続く 230 条の 2 は「真実性の証明による免責」などと呼ばれている規定で、230 条の名誉毀損罪が成立するとき、それが公共の利害に関する場合には罰しない、として 230 条の処罰範囲を制限する規定です。

（名誉毀損）
第 230 条① 　公然と事実を摘示し、人の名誉を毀損した者は、その事実の有無にかかわらず、三年以下の懲役若しくは禁錮又は五十万円以下の罰金に処する。
2 　死者の名誉を毀損した者は、虚偽の事実を摘示することによってした場合でなければ、罰しない。
（公共の利害に関する場合の特例）
第 230 条の 2 ① 　前条第一項の行為が公共の利害に関する事実に係り、かつ、その目的が専ら公益を図ることにあったと認める場合には、事実の真否を判断し、真実であることの証明があったときは、これを罰しない。（第 2 項、第 3 項は略）

　刑法は明治 40（1907）年に作られた法律ですが、条名「230 条の 2」は枝番号という戦後になってからの法形式であり、占領

下の昭和22（1947）年に追加された条文です。「表現の自由と被害者の名誉権との調和を図った」というのが同条の趣旨の公式見解であり、最高裁判決もそのように述べていますが、「戦犯追及のために、新聞に積極的に記事を書かせるために GHQ が指示した」という説も、実はささやかれているのです。

　そういう話が出るぐらい、この条文の読み方は一筋縄ではいきません。

　まず、立証責任の問題です。通常は犯罪があったことを立証する役目は検察官ですから、「摘示した事実が虚偽であったときでなければ処罰しない」とすると、名誉毀損罪を成立させるためには、「虚偽である」ことを、「合理的な疑いを容れない程度に」検察官が立証しなければならず、これでは被害者の保護としては十分でないと、この条文の立案者は考えました。そのために「真実であることの証明があったときは処罰しない」として、立証責任を被告人側に転換したのです。十分な根拠もなく無責任なことを言うのは許されないというのですが、実体的に見ると、虚偽であることに過失があれば処罰するということなのです。

　団藤重光博士の「構成要件該当性阻却説」（後に違法性阻却説になりましたが、これは犯罪論の体系での位置づけの違いであり、実質的な内容には変わりはありません）は、真実であることを立証できるような根拠もないのにそう思ったことを、違法性の錯誤として故意を阻却しない、だから処罰できるとするものでした。これは、以上のような問題の本質を理解した上での優れた解釈論でした。ただ、このようなものを法律の錯誤としたことは論理的ではないと思われます。これは規範的構成要件要素の錯誤であり、うっかり十分な根拠があると思い込んでも故意を阻却し、処罰できないとせざるを得ないと思われます。

　最高裁は、「十分な証拠資料を用いて摘示したときは、名誉毀損罪の故意がない」としました。これは団藤の刑法各論の教科書

「条文の適切性も疑うべき。原則はなにかを押さえて、つきつめる態度が必要です」

をコピーしたものです。しかし、ちょっと考えればわかると思いますが、「十分な資料・根拠を持っていたか」と「名誉毀損の故意があるかないか」は同じではありません。故意は、行為者の内心の主観であり、客観的に十分な根拠がないから故意がないとはいえません。最高裁は、制限故意説に基づいている団藤説の趣旨を理解しないで、コピーしてしまったのです。

■条文の外に、見えない条文を見る

1964(昭和39)年にアメリカの連邦最高裁が下した憲法判例に、大変有名な「ニューヨークタイムズ v. サリバン事件」があります。ニューヨークタイムズ紙に掲載された公民権運動の意見広告に虚偽が含まれていたとして、名誉毀損の訴えが起こされたもので、

連邦最高裁は「報道記者や編集者が actual malice〈現実の悪意〉をもって行動し、それが虚偽かどうかをまったく意に介さずに報道した、ということを原告が証明しなければならない」と判示しました。つまり、報道する側に強い悪意がなければ民事責任は発生しないし、刑事責任も同様だとしたのです。「訴えられるかも」という心配で報道が萎縮してしまっては社会のためにならない。連邦最高裁は、最大限報道の自由を保障した判決を下したのです。逆に言えば、被害者の名誉の保護は著しく制限されたことになります。

この判決から考えると、「日本の刑法230条の2のように、被告（報道した側）が真実だと証明しなければ処罰されるとするのは、憲法違反ということになる」。平野龍一はこう考えました。

ジャーナリズムの大原則のひとつに、「取材源の秘匿」があります。取材の結果、真実であると自信を持って報道し、名誉毀損で訴えられたとき、法廷で真実であることを立証するために取材源の名前を明かしたら、誰もメディアの取材に応じなくなるでしょう。そこで平野は、「真実である言論を述べたときには処罰しない」という憲法上の原則を守るためには、「230の2の外」、すなわち、条文の外側に解決の道を求めたのです。230条の2しか免責の手段がないとするのなら、日本の刑法は憲法違反であると考えたからです。そして平野は、名誉毀損（230条1項）の「その事実の有無にかかわらず」という構成要件は「虚偽である危険性が高い」ことを摘示したということで、虚偽性が高いことの立証責任は検察官が負うとしたのです。

団藤の解釈とは別の意味で、平野の解釈もかなり無理矢理なものだという印象はあります。しかし、虚偽性についての過失を処罰するのが現行法の趣旨なのだからそのような解釈をしようという団藤に対して、現行法はこのままでは憲法違反なのだから合憲的限定解釈をしようというのが平野です。刑法230条の2の解

釈には、このような重大な考え方の相違があることを理解しなければなりません。

■名誉毀損による不法行為にも話は及ぶ

最高裁は、民事の名誉毀損でも刑事と同じ範囲で免責を認めます。しかし、刑法の名誉毀損とは違い、民法上では過失でも不法行為が成立するので、「故意も過失もなく」という表現になっています。そうすると、免責の基礎は、民刑に共通に、客観面に求めるのがむしろ自然ということになります。

そうすると、この点では名誉毀損の構成要件を客観的に限定しようという平野の議論の方が妥当ではないかと思います。みなさんはどうお考えになるのでしょうか。

■インターネット時代の名誉毀損法

現代はインターネット時代、誰でも発信が可能になり、名誉毀損は報道だけでなく、個人のちょっとした書き込みでも起こりうるようになりました。そのような場を「フォーラム」などと位置づけ、「インターネットの登場によって名誉毀損の概念は変わった」という学者もいますが、インターネットが出てきたからではなく、憲法的な観点から変えなければいけないということでしょう。基本に忠実に、憲法的視点から条文の文言を解釈して行くことが求められているのではないでしょうか。

そのことから考えても、アメリカの「現実的悪意」の議論に一気に行ってしまうのは妥当でないとしても、230条の2にしがみついた解釈論ではなく、より実質的な憲法の表現の自由との関係で民刑に共通の名誉毀損の成立範囲を考えるべきなのです。

230条の2は、できた時から大変ないわくつきの、解釈が非常に難しい条文です。このような条文を前にした場合は、原則が何なのかをきちんと押さえ、つきつめて考えることがとても大切なのです。

株式会社が適正に運営される仕組みを条文から読む

名古屋大学名誉教授

浜田道代

■株式会社は社会の原動力

　株式会社は、それ自体が現代の経済社会を成り立たせていると言っても過言ではないような、大変重要な仕組みです。その源流は中世ヨーロッパにまで遡りますが、19 世紀になって、政治権力からの特許などを得なくても、法律にのっとり自由に株式会社を設立してもよいとされて以来、英米や独仏で爆発的な経済発展が起こりました。日本でも幕末には、倒幕側・幕府側の双方が株式会社の仕組みを学んで、いち早くそれを実践しようとしました。日本の近代化に会社制度が不可欠だという認識があったのでしょう。19 世紀末には、日本も本格的な株式会社の時代を迎えました。

　会社制度の最大の特徴は、会社に「法人」という、ひとりの人間のような法的地位を与えた（会社法 3 条）ことにあります。それによって会社は、人間の宿命である寿命に左右されることなく、自ら主体となって、資本を集め従業員を雇って、活発な経済活動を続けることができます。

　会社にはいろいろな種類がありますが、最も重要な役割を果たしている株式会社の特徴としては、全社員（従業員ではなく、株主のこと）が有限責任であること、株式を自由に譲渡できること、

所有と経営が分離されていることの3つを挙げることができます。なかでも「所有と経営の分離」は、株式会社の支配構造を決定づけているものです。

　（選任）
　第329条 ①　役員（取締役、会計参与及び監査役をいう。以下この節、第371条第4項及び第394条第3項において同じ。）及び会計監査人は、株主総会の決議によって選任する。
　　（第2項以下は略）

　この条文は、株式会社における「所有と経営の分離」を具現化しています。

　ポイントは、取締役など会社を支配する権限のある地位に就くには、「株主総会の議決で選ばれる」ことが必要であるということです。株主総会で選ばれたことだけが、取締役がその地位にあることの正当性を主張できる根拠になります。これは、選挙で当選した人が議員の地位に就くことと同じです。もっとも、株式会社では、「一人一票」ではなくて、「一株一票」といった具合になっており、これを資本多数決と言います。株式譲渡が自由だとすれば、合理的な解は、結局これしかありませんね。

　いずれにしても、法の支配が貫かれている世の中で、支配の権限をもつ役職に就くことを正当化する根拠は、選挙か任命の2つしかありません。国家と企業の支配構造は、ここに類似性があることがわかります。

■社長は、なぜ社長でいられるのか？

　条文を読むときには、〈社会に対するリアルでダイナミックな関わり方〉という観点からその条文の理解を掘り下げることが大切です。

　329条1項は、現実の経営の局面では、実際にはどのように機能しているのでしょうか。

ある大規模な株式会社の代表取締役社長に対して、「社長はなぜ、人もうらやむようなその地位にあるのですか」と聞いたとしましょう。すると、「前の社長が、私を後継者として選んでくれたからです」という答えが返ってくるかもしれません。

　その社長も、法的には329条1項の規定どおりに、株主総会の手続きを経て取締役に選任されているはずです。そして代表取締役社長に就任したのは、株主総会で選ばれた取締役から構成される取締役会で選ばれたからであるはずです（362条3項）。

　しかし実際には、「前の社長が現社長を指名した」というのは、正直な答えというべきかもしれません。なぜなのでしょうか。

　株式が証券市場に上場されているような大規模な株式会社の株主総会において、会社提出議案が覆されることは、まずありません。となると、実際には、会社提出議案を誰が決めるのかが重要です。それは、取締役会です（298条4項、会社法施行規則63条7号イ）。では、取締役会に提出する次期役員なり次期社長の人事案は、誰が決めるのでしょうか。それは前社長であったというのが、現社長の答えであったとすれば、いかにもありそうな話ですね。

　そうであれば、株主総会で取締役が選任されるというのは、建前だけなのでしょうか。そういうわけではありません。

　議決権を持つ株主には総会での提案権が認められていますから（303条〜305条）、取締役会の方針に反する提案や、役員解任の提案なども、株主はすることができます。それが認められるかどうかは、資本多数決で決まります。そのために、現経営陣と、その退任を求める勢力が、過半数の議決権を得ようとして「株式買集め」や「委任状集め」などで争うことは、まれではありますが起きてきました。

　最近は、株式の「公開買い付け（TOB）」の方が主流です。これは、「現経営陣よりも、自分がやれば株価が上がる」という自信のあ

「市場経済社会において、法はゲームのルール。知らずにプレーできません」

る人が、応募が一定数を超えることを条件に、現実の株価よりも好条件で株式を買い取ることを、株主一般に広く告知するというやり方です。この方法で過半数株式を一気に買い集めることができれば、株主総会で自派の者を取締役に選任することにより、会社支配権を奪うことができます。

■監査役がきちんと機能するためには

次に、監査役について考えてみましょう。

会社法329条1項は、取締役だけでなく、監査役、会計参与や会計監査人もまた株主総会で選任されることを規定しています。

監査役は、取締役が適切に会社経営に当たっているかをチェッ

クするのが任務です。その仕事も、株主のために行うものですから、監査役が株主総会で選任されるのは、とても理にかなったことです。

　では、監査役を選任する原案を株主総会に出すのは、誰なのでしょうか?

　原案は取締役会で決めます。となると、ひとつ問題が生じますね。チェックされる取締役たちがチェックする監査役を選ぶということになれば、監査役が株主のためにきちんと仕事をすることが難しくなります。取締役たちは自分たちに都合が悪いことを指摘する監査役は排除して、自分たちに都合のいい人を選ぶことになりかねません。

　そんな運用になっては困ります。そこで会社法は、そうならないようにするための規定を設けています(343条)。監査役選任議案を株主総会に提出するには、監査役たちの同意が必要です。また、監査役の側から、監査役の選任に関する議題を株主総会に提出するように、取締役に請求することもできます。

＊

　会社法は専門性の高い分野を扱っているため、複雑な法律となっており、定義が多く用いられています。『デイリー六法』は、条文中で定義されている用語を▼▲印で囲み、その用語が次回以降に登場した箇所を▽△印で囲み、各条文の後ろにある▽印で、各用語が定義されている条名を示しています。示された条文を参照することで、用語の定義の内容をすぐ確認できるように、工夫してみました。

　私たちは、市場経済社会の中で暮らしています。会社法も、その最も重要なルールの一つです。法を学ばずに、「賢く主体的なプレーヤー」となることはできません。このルールは学ぶに値します。ルールブック(六法)を常に携えながら、しっかり学んでいってください。

民事訴訟法 248 条——

立証が困難な場合の
損害額をどう認定するか？

学習院大学法務研究科教授
（デイリー六法編修代表）
長谷部由起子

■手続法か、実体法か？

　民事訴訟法 248 条は、平成 8（1996）年に民事訴訟法が全面改正された際に新設された規定です。損害が発生したことは認められるものの、損害額の立証がきわめて難しい場合に、裁判官が相当な損害額を認定することができるとするものです。

　民事訴訟法は民事裁判の手続を定めた法律です。248 条も民事訴訟法の条文である以上、手続に関する規定のはずですが、純粋に手続法の規定なのか、それとも実体法の規定であって、裁判官がその裁量で損害額を算定することを認めたものなのかをめぐってさまざまな議論がある、ちょっと変わった条文なのです。

> （損害額の認定）
> 第 248 条　損害が生じたことが認められる場合において、損害の性質上その額を立証することが極めて困難であるときは、裁判所は、口頭弁論の全趣旨及び証拠調べの結果に基づき、相当な損害額を認定することができる。

　民事訴訟法改正の際に立案担当者が 248 条の適用対象として想定していたのは、慰謝料と幼児の逸失利益でした。慰謝料とは、精神的な損害に対して支払われる賠償金のことです。逸失利益は、

被告の行為がなければ「得ることができたであろう利益」のことです。たとえば交通事故で子どもが亡くなった場合、その子が生きていたら将来どれぐらいの経済的な利益が得られたかを、学校に通い、職業に就き、結婚して家族をもち、いつまで働けるのかを仮定した上で決めるものです。

これらの損害の金額を算定するための基準は、法律には定められておらず、事件ごとに裁判官が判断する運用がされていました。亡くなった子が将来どのような人生を送っただろうかを想像するのは難しいですが、損害が生じていることは明らかである以上、損害額を算定できないことを理由に損害賠償請求を認めないわけにはいきません。そこで、日本人の平均余命や平均的な収入に関する統計資料などを用いて、損害額を算定することが行われていました。248 条はこれらのことを明記したものだというのが、立案担当者の説明でした。

■拡大される適用対象

ところが、平成 10（1998）年に民事訴訟法が施行された後には、立案担当者が想定していなかったことが起こりました。慰謝料や幼児の逸失利益以外の損害にも、248 条を適用する裁判例があらわれたのです。

まず、冷凍庫が発火して火事になり、焼失した家財道具の損害額について、248 条を適用した裁判例があります（東京地判平成 11.8.31 判時 1687 号 39 頁）。出火当時の家財道具の経済的価値を一つひとつ証明するのは困難であり、それをしなければ損害額は認定されないというのは合理的ではありません。248 条を適用すれば、火災保険の保険金を査定する際の基準となるモデル家庭の標準的な家財道具の金額をもとに、裁判官が損害額を認定することができます。それを実践したのが、この裁判例でした。

また、公共工事の入札に際して業者が事前に話し合って落札額を決めることで工事費の値下がりを防ぐ入札談合の損害の認定にも、248 条を適用した裁判例が相当数あります（東京地判平成

18.4.28 判時 1944 号 86 頁など）。この場合の損害額は、「談合がなかったとすれば、これぐらいの価格で落札されていたであろう想定落札価格と現実の落札価格との差額」になります。しかし、談合がなかったとした場合の落札額は、現実には存在しない金額であり、想像するしかありません。その点は幼児の逸失利益の場合と同じです。

　損害額の算定が困難な場合に 248 条を適用した例は、ほかにもあります。たとえば東京証券取引所一部に上場している鉄道会社が、有価証券報告書に虚偽記載をしたために上場廃止の処分を下され、株式が無価値になったため、虚偽記載を知らずに市場価格で株式を購入した投資家が会社に対して損害賠償請求をしたという事件があります。ここでの問題は、「市場で取り引きされている株式の株価の下落の全額を損害と認めてよいか」ということです。市場で株価が下がる要因としては、他に会社の業績や、市場動向、世界的な事情をふくめた経済情勢も考えられるからです。そこで最高裁は、虚偽記載以外の要因による株価の下落分は除いて損害額を認定するべきであるとし、東京高等裁判所にその判断をするように命じて、事件を差し戻しました（平成 23.9.13 民集65 巻 6 号 2511 頁）。

　特許権の適正な価額が問題となった事件もあります。特許権については登録制度があり、登録が早い者が権利を取得できることになっていますが、特許庁職員の過失で登録が遅れたために権利を取得できず、損害を被ったと主張する原告が国に損害賠償を求めました。この事件では、損害額を算定するうえで特許権の価額が問題になったのです。

　特許権の適正な価額とは何でしょうか？　特許権には市場がなく、使用したいと思う相手（企業）との交渉で価格が決まります。誰からもオファーがなければ、基本的には無価値であるとも言えます。そうした状況の下で、どのように損害額を算定すべきかが争われたのです。

　最高裁は、原告には損害が発生しているという判断のもとに、

「条文がどのような場面で、どのように使われるかを想像することが大切です」

248条を適用して損害額を算定すべきであるとして、事件を東京高等裁判所に差し戻しました（最判平成 18.1.24 判時 1926 号 65 頁）。東京高等裁判所には、特別の支部として知的財産高等裁判所（知財高裁）が設置されています。差戻審の審理はこの知財高裁で行われ、専門的な手法により損害額が認定されました。

■条文が使われる場面は何かを考える

　これから法律を学ぶみなさんは、「法律をあてはめれば、明確な基準による解決がなされる」というイメージをお持ちかもしれません。「法律の条文は、適用対象や適用の要件・効果を定めている。だから、条文の文言の意味がわかれば、あとはそのとおりに適用すればよいのだろう」と想像されているかもしれません。

しかし、248条には、適用対象となるのがどのような損害なのかを具体的に示した表現はなく、「損害の性質上その額を立証することが極めて困難であるとき」と抽象的に定めているだけです。裁判官は、この文言を解釈するにあたってさまざまな考慮をめぐらしますが、その際「立法者がどのように考えていたか（立法者意思）」は、判断材料として決定的ではありませんでした。具体的な事件を前にして、248条をどのように解釈すれば適切な解決ができるのかを考えた結果、適用対象が広がっていったわけです。

　法律を学ぶうえでは、条文がどのような場面で、どのように使われるかを想像することが大切です。248条は、最終的には裁判官が損害額の算定基準を判断することを規定していますが、当事者がなにもしなくてよいわけではありません。原告も被告も、自分が正当と考える算定基準を主張し、その主張を裏付けるデータを提出します。そうした中で、裁判官自身が妥当と認める算定基準が決定されていくわけです。「裁判所は、口頭弁論の全趣旨及び証拠調べの結果に基づき、相当な損害額を認定することができる」という文言には、裁判の審理がそのように進められていくことが表されていると思います。

　248条は今後、独占禁止法や消費者契約法によって保護された多数の消費者の利益が侵害された場合に、その賠償を求める集団訴訟で使われることになるかもしれません。その場合の損害額は、被害者一人ひとりの損害額を積み上げて算定しなければならないものでしょうか。焼失した家財道具の価格を一つひとつ証明して合算するという損害額の算定方法が不合理であるとすれば、ここでも同じ問題があるのではないでしょうか。

　多数の被害者の損害と家財道具が焼失したことによる損害は、一見すると異なるようにみえますが、損害が生じていることは明らかなのに、損害額の証明は困難であるという点は共通しています。制度の趣旨を考えると、どこに共通点があって、どのような類推が可能なのか。これらを探ることが、リーガルマインドだといえるでしょう。

刑事訴訟法 39 条——

書かれていない
「主語」を読む

神戸大学名誉教授

三井　誠

■ 39 条 1 項は誰の権利か？

　刑事訴訟法は条文見出しが法令につけられる直前の昭和 23 年に制定されました。ですから、条文見出しがありません。そこで『デイリー六法』などの六法では、編修委員が条文の内容を反映した見出しをつけており、見比べてみると時に面白い発見があるはずです。たとえば 39 条の見出しは特に六法ごとの違いが出ており、「条文の読解とは何か」を知っていただく例としてなかなか興味深いと思います。

　　第 39 条［被告人・被疑者と弁護人・弁護人となろうとする者との接見・接受］①　身体の拘束を受けている被告人又は被疑者は、弁護人又は弁護人を選任することができる者の依頼により弁護人となろうとする者（弁護士でない者にあつては、第 31 条第 2 項の許可があつた後に限る。）と立会人なくして接見し、又は書類若しくは物の授受をすることができる。
　　②　前項の接見又は授受については、法令（裁判所の規則を含む。以下同じ。）で、被告人又は被疑者の逃亡、罪証の隠滅又は戒護に支障のある物の授受を防ぐため必要な措置を規定することができる。
　　③　検察官、検察事務官又は司法警察職員（司法警察員及び司法巡査をいう。以下同じ。）は、捜査のため必要があるときは、公

訴の提起前に限り、第一項の接見又は授受に関し、その日時、場所及び時間を指定することができる。但し、その指定は、被疑者が防禦の準備をする権利を不当に制限するようなものであつてはならない。（見出し等『デイリー六法』の表記による）

刑事訴訟法 39 条は、接見交通権（身体の拘束を受けている被疑者・被告人が弁護人や、これから弁護人になろうとする者と接触したり、書類や物品を受け渡しする権利）についての規定です。

1 項は、身体を拘束されている被疑者・被告人と弁護人との接見交通の権利を定めています。読解のポイントのひとつは「この条文の主語は誰なのか」ということです。1 項の条文を文理解釈（言葉どおりに意味を解釈する）すると、主語が「被告人・被疑者」であることは、疑いのないところです。

しかし、刑事手続の中での接見交通の意味を考えてみると、様相は少し異なってきます。1 項の規定により、弁護人が被疑者・被告人と会って話をしたり、書類をやりとりすることは、刑事手続に必要な被疑者・被告人の権利を守っていると同時に、実質的に「被疑者・被告人のために面会する弁護人の権利」を保障しているはずです。文理解釈だけでは、この面が読み取れません。

実際に刑事弁護を担当する弁護士は、「接見交通権は弁護人の権利」という職業意識を強く持っています。接見で拘置所や警察署を訪れて、検察官や警察官（司法警察職員）が被疑者に会わせなかったとすれば、39 条 1 項を楯に猛抗議をするでしょう。このこと自体が、弁護士自身が 39 条 1 項は弁護士の権利だと考えていることを物語っています。このように法的な背景をも読み込んで、条文を解釈することが必要なのです。

ちなみに「弁護人」とは、刑事手続で被告人・被疑者の防御を援助する者として選任された人のこと、「弁護士」とはその業務を含めた職業のことを指し、意味が異なってきますので注意が必要です。意味の違いは、刑事訴訟法の条文では 31 条 1 項に表れています。

「実務の本質を読み込み、可能性や制限を考える。それが、手続法の学びです」

■六法によって異なる見出し

　A社の六法では、39条の見出しを「弁護人等との接見・授受」としています。これは編修委員が文理解釈をした結果でしょう。一方、B社の六法は「被告人・被疑者との接見交通」になっており、明記はされていないものの「との」と書くことによって、39条1項の主語、すなわち権利の主体は「弁護人」である、と示していることが窺えます。

　『デイリー六法』において39条の見出しをどうすべきか、私は少し悩みましたが、接見交通権は、被告人・被疑者の権利であるし、弁護人の権利でもある、このことを端的に見出しに表すべきではないかと考え、「被告人・被疑者と弁護人・弁護人となろ

うとする者との接見・授受」としてみました。少し長いのですが、この見出しは、「被告人・被疑者と弁護人とをつなぐ防禦権」としての接見交通権における当事者の関係性を、ダイナミックに表現することにもなったと自負しています。

　読者のみなさんはどうお考えでしょうか。どの六法であれ、法文の解釈自体にはそれほど大きな違いはないと思われますが、見出しにおいてその解釈をどのような形で示すのが妥当か、見出しだけで読者にその条文の趣旨を伝えるにはどうすべきか、刑事訴訟法パートでは自分なりに工夫に工夫を重ねたつもりです。

■判例が条文の読み方を決めることも

　今度は3項を見てみましょう。一読すると、「捜査のため必要があるときは」と書かれていますので、たとえば接見で弁護人と被告人・被疑者とがよからぬ相談をし、罪証隠滅や逃亡をはかるおそれがあるとき、検察官・司法警察職員は、接見の日時や場所などを指定することができる、このように解釈するのが文言に素直であるように思われます。

　平成11年3月24日最高裁大法廷判決(民集53巻3号514頁)は、刑事訴訟法の上位にある憲法34条の趣旨をもふまえて、「39条3項はきわめて限定的に解釈せよ」と判示しています。これにより接見指定は大きく制約され、現在は「接見等を認めると取調べの中断等により捜査に顕著な支障が生ずる場合」、具体的には現に取調中である場合や実況見分、検証等に立ち会わせている場合、また、間近い時に取調べをする確実な予定があるような場合にのみ指定ができるとしており、文理解釈よりもずいぶん、限定的な解釈が行われています。

　このように、39条3項は「条文の文言をそのまま素直に読んではいけない」のです。条文の解釈は、文言の意味だけでなく、条文の趣旨を見ること、そして「もうひとつの法規範」である判

例はどう判断しているかを押さえることが必要です。さらに、具体的な場面でどんなことが行われているのか、実務の本質にあるものを読み込んだ上で、可能か不可能か、制限すべきとしたらどのようにしたらよいかを判断する。そこまでが条文の解釈なのだということを示しています。ぜひ、このような「学び」に面白さを感じていただけたらと思います。

■刑事手続の全体像を知ろう

　『デイリー六法』では、刑事法関係の法令の分量が多いといわれますが、法令だけでなく、公安委員会規則である「犯罪捜査規範」をも抄録しています。警察においてどのような捜査活動が行われているのか、それらがどのように規律されているのかを知る上で不可欠なものであると判断し、刑事訴訟法編に入れたものです。また、他の六法では法律の分類の観点から憲法編や行政法編に収められている検察審査会法や裁判員法も、実際に活用される「場」という観点から刑事訴訟法編に入れています。学習面からも、その方がより適切であろうと考えたことによります。

一冊の六法から、
大きく広がる世界を眺めよう

京都大学名誉教授

佐藤幸治

■「六法」は、国や社会を写す鏡

「六法」は文字通りには憲法・民法・刑法などの六大法典の意味ですが、一般には重要法令を収録した法令集を指しています。実際、"小六法"とも呼ばれる本書のような『デイリー六法』にも実に多くの法令が収録されています。

現代の国家では、政府（統治権力）は憲法によって創設され、その規律の下で政府が活動することになりますが、その中の議会が制定する法律が基礎になって国・社会の具体的な運営が図られます。換言すれば、国・社会にとって必要なことを決め実現しようとすれば、それは何らかのかたちで法律として表現されるといっても過言ではありません。そして、現代の国家の役割は多方面に及びますから法律も年々変化しつつ多種多様化し、しかもグローバリゼーションの進む中で、国際法の比重が増すだけでなく諸外国の法制の動向も無視しえなくなってきています。

いわばそれを一覧できるのが「六法」であり、「六法」をみることによって日本という国・社会の姿（そしてその変化）を知ることができます。「六法」はまさに「国や社会を写す鏡」なのです。『デイリー六法』は、なるべくすっきりと分かりやすいものにし

ようという方針の下に創刊されたのですが、いまのように厚みが増してきました。それは、創刊時以降の、日本社会の変化の大きさ・激しさの表徴とみることができます。

■法の存在理由と、国民が「正義」（法的サービス）に
　容易にアクセスできる社会

　法というものは、社会を秩序づけつつ国民の権利・自由の確保を可能とする最も大切な手段です。したがって、広く国民が法の在り方に関心をもち、各人がそれぞれの「善き生」を営む上での必要に応じて法を用いることができるような環境を整えていくことが不可欠です。明治以降急いで近代化を進めてきた日本は、さまざまな歴史的事情から、この点に関し大きな課題を抱えていたのですが、20世紀末の世界的規模の大きな時代環境の変化の中で、ようやくこの課題に本格的に取り組むことになりました。それが司法改革です。

　平成11（1999）年に内閣に設置された司法制度改革審議会は13年に意見書を出しますが、その意見書は「民法典等の編さんから約百年、日本国憲法の制定から五十余年が経った」との文章に始まり、改革の根本的課題が「法の精神、法の支配がこの国の血肉と化し、『この国のかたち』となるために、一体何をなさなければならないのか」、「日本国憲法のよって立つ個人の尊重（憲法第13条）と国民主権（同前文、第1条）が真の意味において実現されるために何が必要とされているのか」にあるとし、「21世紀の司法制度の姿」として①国民の期待に応える司法制度の構築（制度的基盤の整備）、②司法制度を支える法曹の在り方（人的基盤の拡充）、③国民的基盤の確立（国民の司法参加）の改革案を提示しました。これを受けて大幅な法的整備が行われ（24本の法律の成立）、それに基づいて具体的に制度が動いてきていることはご承知の通りです。

前世紀末には政治改革、行政改革、地方分権推進等々も進められましたが（その諸結果は「六法」に収録反映）、意見書は司法改革がこれらの諸改革を憲法の基本理念の一つである「法の支配」の下に有機的に結び合わせようとする「最後のかなめ」であると位置づけています。そして意見書は「司法の役割」について、こう述べています。「法の支配の理念に基づき、すべての当事者を対等の地位に置き、公平な第三者が適正かつ透明な手続により公正な法的ルール・原理に基づいて判断を示す司法部門が、政治部門と並んで、『公共性の空間』を支える柱とならなければならない」と。

　司法改革の趣旨・目的は、何といっても、一般の国民にとって縁遠かった司法から身近で容易にアクセスできる「国民の司法」への転換を図ることにあります。そのためには、各種訴訟制度を改革することは当然のこととして、何よりも①「国民の社会生活上の医師」というべき法曹人口を大幅に増やすとともに、②一般の国民が司法に容易にアクセスできる仕組みを整備することが必要です。

　まず、①法曹人口ですが、欧米先進国に比して圧倒的に少なく、全国の８割以上の市町村では身近に弁護士のサービスを得られない状況にありました。医師が地域にどのくらい根ざしているかを考えれば、そのことの重大さが認識されます。次に②の問題ですが、弁護士に相談しようと思っても、どのようにしたらよいか分からない、経済的理由からとても弁護士に相談することなどできない、といった状況がありました。

　法曹人口の増員は、意見書の期待したようにはなっていませんが、それでも弁護士の数は１万９千人から３万２千人に増え、ようやくいろいろな地域に弁護士事務所が設けられるようになり、また、会社員（企業内弁護士）や公務員になる弁護士も増えてきました（朝日新聞 2013年9月28日夕刊）。②の課題については、「日本司法センター」（いわゆる「法テラス」）が設けられ、

国民が悩みを抱いたときには「法テラス」のコールセンターに電話して必要な情報を得る、あるいは経済的理由から弁護士・司法書士に頼めない人は必要に応じて無料法律相談や弁護士・司法書士の費用の立替えのサービスを得ることができるようになりました。さらに、法テラスの「国選弁護関連業務」の中には、被疑者国選弁護も含まれていることを強調しておきたいと思います。

■急速に変容する日本の社会に司法はどう対応するか

先に示唆したように、司法改革を含む諸改革は、時代環境が大きく変わる中で、日本の社会の現実を見据え将来に備えるべく構想され推進されてきたものです。高度経済成長が終わり（バブル経済の崩壊）、財政事情が悪化する中で（2004年ごろには500兆円の財政赤字の重大性が指摘されていましたが、今は既に1千兆円を超えたといわれています）、少子高齢化が急速に進行してきています。この少子高齢化は、例えば、相続の在り方に変化をもたらしているだけでなく、平成12(2000)年に導入された成年後見制度の適正な運用をはじめとする福祉の領域に新たな課題を投げかけ、それへの法律家（弁護士）のかかわり方が大きく問われるようになっています。東日本大震災は司法を含む社会的基盤の脆弱性がいかに悲劇を増幅させるかを明らかにし、ふだんからその基盤の整備を図り、法律家（弁護士）がそこにおいて重要な役割を担っていることを覚醒させ、「司法ソーシャルワーク」といった発想も生まれています。例えば、「法テラス」や弁護士会の支援する公設事務所の若い弁護士たちが地元の社会福祉事務所や自治体に積極的に出向き法的需要に応えようとする姿(いわゆる「アウトリーチ」）がみられるようになりましたが、格差拡大に伴う現代の貧困や社会的排除の問題等々、司法的支援を必要とする局面が大きく増大してきており、こうした領域にも法律家による法的サービスが及ぶように国・社会として配慮する必要があります。

「法の世界はひとつの循環体。
広く法と人との触媒の役割を果たす、
これが新しい法曹の使命なのです」

　先にグローバリゼーションに触れましたが、審議会が活動し
ていたころ既に、企業は低い労働賃金や大きな購買力を求めて海
外に生産現場を移していくだろう（他面からいえば、国内の産業
の"空洞化"）と予測されていました。このことは、企業が進出
するに伴って必要な法的サービスをどこから調達するのかの問題
を生じさせるとともに、一方、国内における雇用関係に深刻な問
題（雇用数の減少・非正規職員の増加や労働条件・環境の劣化等々）
を引き起こすであろうと考えられたのです。審議会の意見書は「弁
護士の執務態勢の強化・専門性の強化」（法律事務所の共同化・
法人化等々）を求めましたが、幸いこれを受けて大きな法律事務

所が数多く誕生し、アジアを中心に海外に事務所を開設する本格的な動きがみられるようになってきました。しかし、他面で雇用関係の深刻な問題への対応はこれからの状況で、法律家による本格的な取り組みが期待されるところです。

■司法の国民的基盤

　従来であれば、多くの国民は、法・司法は自分たちとは無縁の何か別世界の存在と思う向きがあったのではないでしょうか。このままでいいのか、状況は変ってきているのではないか、についていろいろ申してきました。そして先に触れたように、「司法部門が、政治部門と並んで、『公共性の空間』を支える柱」となるべきだとすれば（因みに、橋本内閣時の行政改革会議の最終報告は、内閣機能の強化には同時に司法部門の強化が欠かせない〔抑制・均衡の強化〕と訴え、橋本内閣以後の内閣が重要課題としてそれを引き継いだ結果が司法改革であったことを指摘しておきたいと思います）、法・司法の独自の大切な意義について理解をもつ広い国民の支持を得ることを必要としています。では、それはどのようにして醸成されるのでしょうか。

　まず、既に申したように、法曹（就中弁護士）が「社会生活上の医師」として国民の生活の身近にあって国民と接し、良質な法的サービスの提供を通じて国民の信頼を拡げていく、他面からいえば、国民がそれぞれの生活の局面で必要に応じて弁護士に相談するようになる、という状況ができていくことです。この関係で、1830年代にアメリカを旅したトクビルが、民主制の下で生じる精神の画一性と多数者の横暴の危険への対抗力を、司法とそれを支える法曹の存在に求めていたことが想起されます。

　次に、統治主体・権利主体である国民が、司法の中核というべき裁判手続に参加し、司法と法曹の役割についての理解を深める場ができたことの意味は大きいと考えています。裁判員経験者が「他

人の運命や社会について真剣に考える貴重な経験だった」「『疑わしきは被告人の利益に』という原則の意義がよく理解できた」と語り、過去さまざまな問題が指摘されてきた刑事訴訟手続の変革が生まれている様子に勇気づけられています。ここでもトクビルが、陪審制が法曹への社会的信頼の有力な基盤になっているといい、その著を書評したことのあるJ・S・ミルが陪審制を「公共精神の学校」と述べていたことを思い出します。

　審議会の意見書は、学校教育等における司法に関する学習機会を充実させる必要を訴えましたが、もっとも基盤的な事柄として、人が社会において生きることの意味や知恵を法・司法の窓を通して早くから学び考える機会をもつことは、とても大切なことであると思われます。初等中等教育で使われる教科書は既にそういう趣旨に沿って改訂され、また法教育学会が作られ、大学の研究者・法曹そして実際に教育に携わる先生方が加わって研究発表や討議が展開されていることを紹介しておきたいと思います。

■「六法」は人間や社会の在り方を考える有益な手立て

　『デイリー六法』の「創刊時はしがき」で、「六法」は一見無味乾燥でもとより小説などを読む場合のようなおもしろさはないが、法を作り出す際の人間のドラマなどに思いを致しつつ読むと結構おもしろいところがあるといった趣旨のことを記しました。ここではさらに法を使う際の人間のドラマにも注目しておきたいと思います。

　法の世界は一つの循環体なんですね。政治部門で法が作られ、国民の生活の場に送り出され、多様な生活関係の中で法の現実的意味が試されていきます。その過程で法曹（特に弁護士）が国民の相談にあずかり、時に訴訟となる場合もあるでしょう。法に問題があれば、関係者が政治部門にその改廃を働きかけたり、訴訟となって裁判の場で違憲性を含めてその是非が問われ、結果が政

治部門に送り返されることもあります。法の実施の過程でも実に多様なドラマがあるわけです。

　平成25（2013）年9月4日、婚外子の法定相続分を婚内子の半分とする民法900条4号ただし書は、法の下の平等を定める憲法14条に反するとする最高裁の決定が下されました（のち、平成25年民法改正で改正された）。日本の最高裁も、否、日本の社会もようやくここまできたのかの思いですが、なぜ、このような規定が設けられたのか、なぜ今になって「差別」であるとされたのか、そもそも家族とは何か、相続とは何か、憲法のいう「法の下に平等」とは何か、等々の問いが次々と浮かんできます。民法の一箇条のただし書きが、これだけの人間や社会の在り方に関する問いを孕んでいるわけです。

　取り上げたい例は多々ありますが、最後に象徴的事例を一つだけあげて終わりにしたいと思います。2013年は、公害の原点とされる足尾鉱毒問題に生涯をかけてその解決に取り組んだ田中正造の没後100年にあたり、その生地栃木県佐野市では「没後百年顕彰事業」が行われたと聞きます。よく知られているように、明治憲法は、自由民権運動で掲げられた天賦人権思想を退けて、きわめて限定的な「臣民〔ノ〕権利」を保障するにとどまっていました。しかし田中は、これを「人民の権利章典」と捉えて、明治憲法とマタイ伝をとじ合わせた小冊子を肌身離さず持ち歩き、渡良瀬川流域の人たちのために闘ったといわれています（岩波書店『図書』2013年9月号掲載の小松裕氏のエッセイ「デンキ開ケテ世見暗夜となれり」を参照）。

　田中の生涯は、現代に生きるわれわれに何を語りかけているのでしょうか。

索　引

編 者

髙瀬文人 たかせふみひと

1967 年生まれ、法政大学法学部卒。ジャーナリスト・編集者。
91 年三省堂入社、六法編集などを担当。97 年日本評論社入社、
『法学セミナー』や『リーガル・リサーチ』の企画・編集を担当。
2008 年独立後は司法・裁判関係の調査報道や単行本・雑誌
記事の執筆や編集、メディア教育などに携わる。
著書に『鉄道技術者 白井昭』など。

ひと目でわかる 六法入門 第 3 版

2025 年 4 月 10 日 第 1 刷発行

編 者 髙 瀬 文 人
発行者 株式会社 三 省 堂
代表者 瀧本多加志
印刷者 三省堂印刷株式会社
発行所 株式会社 三 省 堂
〒102-8371 東京都千代田区麹町五丁目 7 番地 2
電話 編集 (03) 3230-9411
https://www.sanseido.co.jp/

〈3 版六法入門・112pp.〉 ⓒF.Takase 2025
落丁本・乱丁本はお取り替えいたします。 Printed in Japan
ISBN978–4–385–32151–6

本書の内容に関するお問い合わせは、弊社ホームページの「お問い合わせ」
フォーム (https://www.sanseido.co.jp/support/)にて承ります。